供应链金融

主　编　吴　科
副主编　陶海宏　童桂兵

东南大学出版社
·南京·

图书在版编目(CIP)数据

供应链金融/吴科主编. —南京:东南大学出版社,2020.3

ISBN 978-7-5641-8549-7

Ⅰ. ①供… Ⅱ. ①吴… Ⅲ. ①供应链管理-金融业务-研究 Ⅳ. ①F252.2

中国版本图书馆 CIP 数据核字(2019)第 217972 号

供应链金融

主　编:	吴　科
出版发行:	东南大学出版社
社　址:	南京市四牌楼 2 号　邮编: 210096
出 版 人:	江建中
网　址:	http://www.seupress.com
电子邮箱:	press@seupress.com
经　销:	全国各地新华书店
印　刷:	南京玉河印刷厂
开　本:	787 mm×1092 mm　1/16
印　张:	10.5
字　数:	250 千字
版　次:	2020 年 3 月第 1 版
印　次:	2020 年 3 月第 1 次印刷
书　号:	ISBN 978-7-5641-8549-7
定　价:	40.00 元

本社图书若有印装质量问题,请直接与营销中心联系,电话(传真):025-83791830

序：写在改革开放 40 周年之际——供应链金融的战略意义

时间定格在 2018 年，离中国实行改革开放政策已经过去 40 年，对中国而言这是意义非凡的 40 年。40 年来，中国的经济增速明显高于世界平均水平，对世界经济增长的贡献跃居全球首位，国内生产总值稳居世界第二位，货物进出口总额跃居世界第一位，贫困人口大幅减少……中国的发展超乎想象，堪称世界奇迹。

面对这样的成绩，举世震惊！不论是联合国大会、亚太经合组织（APEC）会议，还是二十国集团（G20）峰会、世界经济论坛（达沃斯）年会等，大家都乐意倾听来自中国的声音，几乎可以说掀起了一股"中国热"。但凡中国领导人或者知名学者、企业家参加的论坛，通常都座无虚席。因为所有人都想学习或者借鉴一点中国的经验。我们有时会诟病中国一句俗语——以结果论英雄，其实从国际上看，外国人似乎也不能免俗。

那么中国改革开放取得如此成就背后的经验或者原因到底是什么呢？国际国内众说纷纭，观点莫衷一是。有说是中国独特的政治体制决定的，有说是中国优秀的文化决定的，也有说是中国城乡二元经济体制决定的。但笔者认为这些主流的说法都没有触及根本。改革开放的成功，恰恰就是源于改革开放本身。因为历史上，没有哪个国家像中国一样吃过闭关锁国的大亏。

1757 年，乾隆皇帝下旨，除广州地区外，其他地方停止一切对外贸易，即"一口通商"政策。而短短的几十年后，也就是 1840 年，中国就被英国的洋枪洋炮打开了国门，鸦片战争给沉睡的中国一记响亮的耳光。而此时的中国，已经从 100 多年前全球 GDP 第一的大国，变成了八国联军争相欺负的对象。自此，中国的近代史也就变成了一部百年屈辱史。所以，新中国成立以后，在突破国际上的重重封锁之后，中国迫切需要打开国门，迎接世界的春风。而历史也再次证明，只有拥抱世界，才能屹立于世界民族之林。

中国改革开放的成功，可以归结为现代化的成功。所谓现代化，就是指工业化、城市化、市场化，当然美国的"华盛顿共识"里面，还提到了私有化，但中国根据自己的情况并没有完全私有化。我们的国家领导人非常清楚，我们的社会体制跟美国有根本的不同，美国是资本主义，而我们是社会主义。最关键的一点，我们的发展也不需要听从美国的什么华盛顿共识，即便该共识在 20 世纪 90 年代在国际社会风行一时。现实结果是，遵从华盛顿共识的国家，不论是东欧还是拉美或者一些东南亚国家，要么经济一蹶不振,要么反复出现经济危机,要么陷入中等收入陷阱。历史相信结果！中国的改革开放在某种意义上,给世界经济趟出了一条新路。

由于美国经济实力和军事力量的强大,很多国家在发展过程中,都或多或少要受到美国的影响。但中国的重大决策却很少受到美国的影响。客观地说,我们要感谢以毛泽东为首的中国第一代领导人,因为在他们的领导下,中国发展了独立的国防科技体系(两弹一星)和基础工业体系(钢铁制造),这是十分难得的,也是中国在改革开放 40 年当中可以一心一意谋发展的关键因素所在。我们十分清楚,为了遏制中国的发展,美国经常会制造各种摩擦。但不论美国制造什么摩擦,美国都不敢轻易对中国发动战争。不论美国对中国封锁什么技术,中国都有能力靠自己研发出来,只是时间的长短。世界上很多国家都想学习中国的经验,但在美国霸权的世界体制下,如果国防和工业体系不独立,那么在国际势力的干扰下,经济发展就很难不受影响。

中国的改革开放政策是以邓小平为首的第二代领导集体在历史的关键时期提出的伟大决策。"科技是第一生产力"的英明论断,为中国插上了腾飞的翅膀。改革开放首先要思想解放。中国能在短短几十年时间,走完欧美发达国家几百年才能走完的工业化历程,不能不说跟这一论断有莫大的关系。由于清朝闭关锁国的政策,中国错过了第一次工业革命。二次世界大战期间中国正在经历战争,又不可避免地错过了第二次工业革命。还好,改革开放让中国奋起直追抓住了第三次工业革命的尾巴。而今中国也成为科技、制造、互联网信息大国。在以 5G 和 AR 智能技术引领的第四次工业革命即将开启的当代,中国的很多前沿科技已经可以与世界发达国家比肩。这又不得不提起邓小平对人才和教育的英明决策,包括恢复高考和鼓励外派留学生。中国科技的发展,离不开大量的人才培养。习近平主席提出人才是第一资源,很好地延续了这一传统,也为中国经济注入了持续的发展动力。

写了这么多,好像跟我们的"供应链金融"关联不大,非也！马上切入我们的主题。改革开放让中国实现了工业化,同时也让"Made in China"火遍了全世界。而金融也不可避免地成为我们经济发展中的一大重要内容。因为改革开放的过程中我们引入了大量的外资,外资的金融杠杆作用很好地促进了我们经济的发展。而随着中国经济持续良好的发展态势,2015 年 11 月 30 日,国际货币基金组织(IMF)宣布将人民币纳入特别提款权(SDR)货币篮子,人民币成为继美元、英镑、日元、欧元和瑞士法郎之后的第六大国际储备货币。供应链是国际分工协作产生的经济秩序,而金融显然对其有促进和引导作用。我们知道改革开放让中国成为制造业大国,但不容忽视的是这些制造业主要是低端制造业。低端制造业意味着低附加值、资源浪费、环境污染,所以为什么各国都在争抢新一轮行业技术高地,本质原因就是希望在下一波国际供应链分工中取得优势地位,发展高端制造和制定国际标准。而供应链金融则是国际供应链竞争中不可或缺的重要手段。

供应链金融对经济发展和产业安全具有重要作用，不但可以解决中小企业融资难题，而且可以促进供应链核心企业的发展，提升整个供应链的竞争力，进而还会影响一个国家的竞争力和产业安全。中国在融入全球化过程中，伴随着经济规模的扩大和国际地位的提升，贸易摩擦和冲突也日渐增多，一些关系国家实力和国家安全的关键产业面临着日益凸显的风险。鉴于此，亟须发挥供应链金融在资金流改进和全球资源整合方面的作用，通过提升供应链核心企业的竞争力，促进和改善产业安全。

本书从国际视角出发分析供应链的本质，让读者更好地理解供应链与国际分工之间的关系，同时深度解读供应链金融在帮助国家和企业获得国际供应链竞争中的优势地位所发挥的重要作用。再者，从企业和政府角度，将供应链金融实际应用案例展示给读者，帮助读者学会供应链金融在实操过程中的灵活运用。

习近平同志说，"金融活，经济活；金融稳，经济稳"，这可以作为我们写作本书的初衷。生逢盛世，我们为有实现中华民族金融强国梦的机会而自豪，并愿意为之努力奋斗！与大家共勉！

目　　录

第 1 章　国际语境下的供应链管理 ··· 1
1.1　中美贸易战背后的霸权逻辑 ·· 2
1.2　产业链转移——中国必将面临的格局 ································ 6
1.3　价值链、供应链与产业链的关系 ····································· 10
1.4　实施供应链管理的重要意义 ··· 19

第 2 章　供应链金融让供应链成为共赢链 ··································· 23
2.1　我国供应链金融产生的背景 ··· 24
2.2　供应链金融的概念及发展现状 ·· 26
2.3　直面供应链上中小企业融资难题 ····································· 31
2.4　供应链金融让供应链成为共赢链 ····································· 34

第 3 章　供应链金融的主要交易模式 ··· 37
3.1　预付款融资 ·· 38
3.2　存货融资 ··· 44
3.3　应收账款融资 ··· 47
3.4　互联网＋供应链金融信用贷 ··· 51
3.5　供应链金融 ABS ··· 54

第 4 章　供应链金融的参与主体 ··· 61
4.1　核心企业 ··· 62
4.2　资金来源 ··· 65
4.3　融资主体 ··· 69
4.4　风控体系 ··· 71

第 5 章　供应链金融的盈利模式 ··· 81
5.1　传统盈利模式——利差 ·· 82
5.2　创新盈利模式——交易差 ··· 84
5.3　派生盈利模式——生态服务收入 ····································· 85

第6章　供应链金融如何助力政府招商 ················ 88
- 6.1　政府招商现状及问题 ················ 89
- 6.2　供应链金融紧抓中小企业痛点 ················ 95
- 6.3　引进相关产业的供应链金融服务公司 ················ 97
- 6.4　成立供应链专项产业基金 ················ 99

第7章　供应链金融如何助力乡村振兴 ················ 104
- 7.1　三农问题的重要性及其发展现状 ················ 105
- 7.2　乡村振兴背后的国家战略意义 ················ 111
- 7.3　供应链金融服务乡村振兴家电下乡 ················ 118
- 7.4　供应链金融在乡村振兴中大有可为 ················ 122

第8章　供应链金融如何服务新零售 ················ 124
- 8.1　新零售的由来及发展趋势 ················ 125
- 8.2　传统零售的痛点分析 ················ 129
- 8.3　供应链金融如何服务新零售 ················ 133

第9章　供应链金融在餐饮行业的应用 ················ 135
- 9.1　餐饮业和餐饮供应链金融现状 ················ 136
- 9.2　餐饮供应链金融应用案例 ················ 138
- 9.3　餐饮供应链金融的市场潜力 ················ 141

第10章　供应链金融的未来发展趋势 ················ 144
- 10.1　供应链金融的五大发展趋势 ················ 145
- 10.2　区块链与供应链金融 ················ 147
- 10.3　大数据与供应链金融 ················ 152
- 10.4　人工智能与供应链金融 ················ 154

参考文献 ················ 156

第1章 国际语境下的供应链管理

1.1 中美贸易战背后的霸权逻辑

1.2 产业链转移——中国必将面临的格局

1.3 价值链、供应链与产业链的关系

1.4 实施供应链管理的重要意义

从乔布斯的一个故事说起：2007年，乔布斯把新研发的苹果手机和钥匙放在同一口袋里，钥匙把手机的塑料面划伤了。下月就要上市了，乔布斯就想一周内换成玻璃的外壳。正在开会的副总裁立马就急了，还没散会就坐飞机到深圳去了。为什么？在美国你单单聚集工人要多长时间？9个月。而且美国的工人周末要度假，要看球赛，而中国的工人，高管电话一打，24小时内就来上班了。需要的配件、螺丝、电阻，就在工厂的隔壁和对面，深圳是产业集聚的、世界最强的加工阵地。这则故事说明两个问题：一个是深圳很牛，牛在聚集了整个手机产业链，或者说深圳是一个最有利于手机品牌商做供应链管理的城市；另一个是苹果公司很牛，虽然苹果公司自己不能制造苹果手机，但在整个产业链当中苹果公司赚的钱是最多的，换句话说苹果在价值链分工当中占据了利润最高的部分。产业链、供应链和价值链将是本章重点要探讨的三个概念，搞清楚三者的关系，对后面我们理解供应链管理和供应链金融有很大的作用。

1.1 中美贸易战背后的霸权逻辑

说起 2018 年最值得关注的国际经济事件,莫过于中美贸易战(图 1-1)。作为 GDP 排名世界第一和第二的国家,开打贸易战,其牵涉之广,影响之大,让人想来不禁倒吸一口凉气。北京时间 2018 年 3 月 23 日 0 时 50 分许,美国总统特朗普在白宫正式签署对华贸易备忘录(图 1-2)。特朗普宣布,将有可能对从中国进口的 600 亿美元商品加征关税,并限制中国企业对美投资并购。同时,北京方面也于同日宣称拟对美国部分进口商品加征关税,以表示对美国发起贸易战的反击。自此,中美贸易战正式开打。

图 1-1

图 1-2

一开始,很多人担心美国贸易战会对中国经济产生严重影响,尤其是出口方面。但从 2018 年全年经济数据来看,并不像预期的那么大,中国基本实现了年初定下的经济发展目标,相反,贸易战倒是更加引起了我们对高科技领域的重视,这对我国的长远高质量发展绝对是有好处的。但是如果贸易战长期打下去,会造成什么经济后果,尚有待论证。

自 2018 年起,中国将取代美国成为全球最大的消费市场,我倒是认为,跟买主打贸易战根本就是缺乏理性的行为。据外交部数据,中国国内消费总规模在 2018 年首次超过美国,中国的潜在市场规模是美国的 3~4 倍,并且正在不断从潜在变为现实。2018 年 11 月份首届中国国际进口博览会在上海成功举办,这是我们中国强大购买力的体现,而这也是消弭贸易战最厉害的武器。所以,美国发起贸易战,一开始在战略上可能就是错的。这里解释一下为什么中国要扩大进口。进口有利于缩小中国的贸易顺差,是实现贸易平衡的一种重要方式。而贸易平衡有利于人民币汇率稳定,有利于人民币国际化,符合我们国家的长远利益。

毛主席教育我们,要在战略上藐视敌人,在战术上重视敌人;知己知彼,方能百战百胜。所以在美国打出贸易战这张牌的时候,我们第一个要考虑的问题是:为什么美国要发起贸易战?特朗普对外给出的理由是自他上任总统以来,美国贸易逆差不断扩大,他认为美国被贸易伙伴占了便宜,所以他要打贸易战。由于中国对美贸易顺差最大,所以中国就成了美国贸易战的主要目标。

当然,美国发起贸易战的原因绝不像特朗普说得那么简单。特朗普说的是特朗普说的,我们要听的是其弦外之音。其实美国发起贸易战不是第一次,上一次是 20 世纪 60—90 年代针对日本发起的,当时日本的 GDP 在世界上的排名也是仅次于美国。由于二战后美苏冷战期间,美国的主要精力放在与苏联的军备竞赛上,所以很多工业制造业就转移到日本、德国这些美国的盟友国家,而日本也借此获得一次巨大的发展机会。但当美国发现日本 GDP 一路飙升,大有超过美国之势时,作为世界霸主的美国,卧榻之侧,岂容他人酣睡?于是美国借由贸易逆差的理由对日本发起了长达 30 年的贸易战。直到 20 世纪 90 年代日本发生房地产泡沫,经济陷入长期衰退状态,甚至日本的 1991—2000 年还被学界称为"消失的十年",至此,美日贸易战才得以结束。实际上,此后的日本已经完全无法对美国的经济构成任何威胁了。

由此可见,美国对中国发起贸易战,很可能是一场持久战。而其发起贸易战的居心绝对不仅仅是消除贸易逆差那么简单。表面原因是以贸易失衡为理由迫使中国进一步对美开放市场,而深层次目的则在于试图重演 20 世纪 80 年代美日贸易战以遏制中国复兴。从美国的加税清单就可窥一二。

中美贸易战剑指《中国制造 2025》——其实是打着贸易保护旗号的高科技行业遏制。从图 1-3 中可以看出,加征关税的并不是我们的优势产业,而是我们未来要发展的高端产业。但我们是不可能拿自己的核心利益作交换的。以前,中美经济是互补性的,比如本章开端提到的苹果案例,美国负责苹果手机的高端部分,利润丰厚,接近 60%;中国则负责苹果手机的组装部分,利润比较低,连 10% 都不到(图 1-4)。

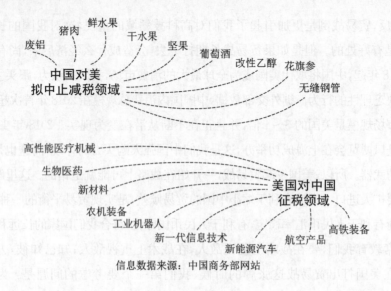

信息数据来源：中国商务部网站

图 1-3

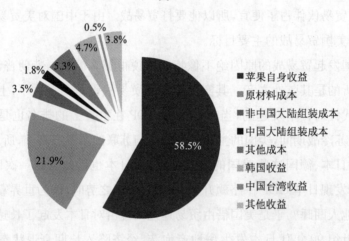

图 1-4

在这种互补性价值链分工中，美国是最大的受益者，当然乐见这样的结果。但是随着中国的发展，中国也有资本搞高科技研发，比如《中国制造 2025》计划，而且在高铁、5G、无人机、智能机器人等很多领域，中国也慢慢接近或已经是一流水平。所以中美经济的互补性在减弱，竞争性在加强。美国一直以来都限制对华高科技出口，该领域逆差占对华逆差比重接近 40%，但美国对其他国家高科技出口为顺差。如果美国真想解决贸易失衡问题，可以开放对华高科技出口，但是美国并没有这么干，可见其打贸易战，是醉翁之意不在酒。

其实，贸易战根本解决不了贸易失衡，美日贸易战遏制了日本，贸易逆差就转到中国，如果中美贸易战解决了贸易失衡，那么贸易逆差一定会转移至越南或印度等。贸易失衡的根源实际上是美国的全球价值链分工决定的，中国大量的加工贸易两头在外，即原材料和销售都在国外,中国只是一个加工组装中心。在苹果生产销售价值链中,苹果公司获得最大利润,组装加工的中国收益甚微。中国进口各种手机零部件,中国对日韩等国是贸易逆差,但由于手机成品出口是从中国出口的,所以中国对美国是贸易顺差。中国对美贸易顺差扩大其实伴随着对日韩贸易逆差扩大。而谁赚的钱多呢?两头钱赚得多,中国只赚10%不到。所以,从全球价值链的角度,中国对美贸易逆差并没有像现在统计的这么大。

为什么美国一直存在对外贸易逆差呢?其实这是由美国的增长模式决定的。美国是高消费低储蓄,它的制造业、生产部门只占11%,而70%—80%都是消费部门、服务业部门,它生产得少,消费得多,就只能进口。你不改变自己的经济结构,那么怎么可能改变贸易逆差呢?就像一个人只花钱不挣钱,肯定负债嘛!所以美国要想真正扭转贸易逆差,必须要改变高福利低利率高消费的增长模式。

然而,美国从没有真正想过改变贸易逆差,这个背后主要的原因是美元嚣张的特权。由于美元的国际储备货币地位赋予了美国一种特权,那就是可以无节制地依靠印美元、发美债的方式获取其他国家的商品和资源,这必然导致贸易项下巨额逆差和资本金额项下巨额顺差。美元的超级特权相当于向全世界各国征收铸币税,以维持其霸权体系。所以为什么美国针对世界第二大国一直持打击打压态度,这是与其美元背后的核心利益挂钩的。自从两次世界大战美国成功取代英国成为新的世界霸主之后,对于后来的挑战者,不论是苏联、日本还是中国,它的态度一直非常明确。美国只有保持世界霸主地位,才能持续享受美元福利。

所以,随着中国改革开放政策的顺利实施,中国国力越来越强,GDP 雄踞世界第二,而且只要保持目前的增长速度,中国用不了几年时间就可以超越美国成为世界第一大国。这是美国无法接受的。中国改革开发的 40 年,以年均 9.2% 的 GDP 增长率,创世界历史先河,令美国及欧洲等发达国家不寒而栗。所以,贸易战只是美国敏感神经的一种体现。贸易战背后的商业逻辑其实也很简单,美国要的不是贸易平衡,而是要遏制中华民族的伟大复兴。拿破仑说,中国是一头东亚睡狮,总有一天它会醒来。西方超越中国也是近一两百年的事,中国在世界历史上 90% 的时间都是 GDP 第一大国,中国的崛起不是颠覆西方,而是拿回本该属于我们自己的东西。

目前市场上还有一种从意识形态层面解读贸易战的观点(吴若谷先生观点),很有代表性。该观点认为美国对中国产生不安的原因是中国的发展方式。如果中国按照美国认为"合理"的方式去发展,也许发展快点儿美国也并不在乎,因为它认为可以跟我们竞争。现在美国认为我们的发展方式,即所谓的"国家资本主义"也好,党和政府起主导作用也好,违反了它所谓的"规则",它很难与之竞争。因此美国打击的是我们的增长方式。如果从这个角度看,中美贸易战的争论实际是道路之争。我们知道自 20 世纪 90

年代开始,美国一直在全世界推行"华盛顿共识",鼓励新兴市场国家采取"新自由主义"经济学理论来发展经济。但中国并没有按照美国倡导的方式去发展,我们始终认为中国有自己的特殊国情,应坚持发展中国特色的社会主义。

中国作为一个主权独立国家,选择何种道路发展自己是中国自己的事,美国的意识形态要求完全是霸权主义行径,打贸易战就是想要遏制中国沿着现在这条道路发展,逼迫中国采纳美国认可的市场经济制度,让中国回到有利于美国实现竞争的赛道上来发展。但这怎么可能?中国改革开放40年取得了巨大成就,而放眼全世界那些施行"华盛顿共识"的国家,不论是苏联、东欧还是拉美,几乎无一成功案例。一个国家施行什么政策,不能以对美国有没有利为标准。这就像美国人擅长打篮球,中国人擅长打乒乓球,美国指责中国不该打乒乓球,要像美国一样打篮球,因为美国人不擅长打乒乓球,中国打乒乓球就是对美国构成不正当竞争。任何一个人都知道美国这种要求很过分,但是二战后建立的世界秩序就是以美国为主导的霸权政治,短时间内要改变美国不是一件容易的事。所以,从美国立场看,中美贸易战不会轻易结束;而从中国立场看,中国必须坚决应战,而且必须打赢。认输或者打输了,则意味着中华民族伟大复兴梦就成了一个空喊的口号。

1.2 产业链转移——中国必将面临的格局

上一节中我们谈到美国打贸易战,重点分析了美国发起贸易战的幕后动机。如果贸易战一直打下去,势必会造成一个结果,那就是引发国际产业链从中国转移到其他国家。就像当年美日贸易战导致国际产业链从日本转移到以中国为代表的发展中国家一样。本节我们就来探讨一下产业链转移可能会引发哪些结果,中国又将如何应对。

我们讲产业链转移,一般是指制造业产业链转移(图1-5)。所有制造业大国都面临一个共性难题——产能过剩和产业升级。其实早在20世纪90年代中国就提出产能过剩,而近些年政府也一直在施行去产能政策。中国并不排斥产业转移,但中国也不希望产业转移过快,因为过快转移,会导致大量失业,如果失业问题不能妥善安置,可能会引发社会问题。

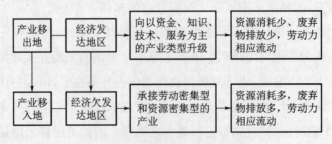

图1-5

自工业革命以来,世界经历了五次大的产业转移,具体情况如下:

第一次产业转移(18世纪末至19世纪上半叶)。输出地是英国,输入地是欧洲大陆和美国。此次国际产业转移浪潮推动了"世界工厂"从英国向美国的第一次变迁,催生了新兴的工业帝国。这次转移促进了美国的发展,福特的T形车和凯迪拉克的电子启动装置可以视为人类汽车时代的开启,华纳兄弟的《爵士乐歌手》则是有声电影繁荣的象征,而不锈钢和人造树胶改变了全世界,电话和电气化更是开启了第二次工业革命。与制造业转移后实行流水线的美国相比,以小作坊模式为主的英国却开始衰落,慢慢远不如美国。

第二次产业转移(20世纪50年代)。产业输出地是美国,输入地是日本和原联邦德国。二战结束后,美国实行复兴欧洲、日本的计划,将钢铁、纺织轻工等制造业迁移,此次国际产业转移对次发达国家的经济影响巨大,日本和原联邦德国在承接了美国移出的产业后,很快成为全球劳动密集型产品的主要供应者,而德日两国并没有完全接纳美国的低端制造业迁移,而是自主研发汽车、机械、电子等高价值出口产业,并以高效完备的国家工业协作体系承接全球制造业转移。正因为德日两国接纳美国制造业迁移的同时,不忘发展高技术含量的制造业,从而使得这两国能够很快从战败后的废墟中崛起,成为世界级的制造业强国。"日本制造"开始畅销全球,日本建成了第三个"世界工厂"。可以说,第二次国际产业转移,推动了"世界工厂"的第二次变迁。

需要特别指出的是,由于这次产业转移,发达国家基本上把资本缺乏、科技落后的广大发展中国家排除在产业转移进程之外,其结果是把全球分割为两类不同的生产体系:一类是发达国家形成了以机械化大生产为主的全球生产链,另一类是发展中国家形成了以手工业和农业为主的自然经济生产体系。

第三次产业转移(20世纪60—70年代)。这次国际产业转移输出国是日本和原联邦德国,输入国是亚洲"四小龙"。日本和原联邦德国两次通过将产业大规模转移到亚洲"四小龙",国内产业得到了两轮"废旧建新"的重构。亚洲"四小龙"一方面积极承接日本和原联邦德国的产业转移,另一方面将自己部分劳动密集型产业转移到东盟。与此同时,日本和原联邦德国的部分劳动密集型产业也转移到东盟,由此形成了产业的梯级转移结构。

在第三次转移中,中国台湾和韩国是重要对象。中国台湾以代工著称,而韩国擅长产业链整合。而在这轮制造业迁移中,创新也蕴含其中,比如台湾的半导体制造水平是世界级的,鸿海精密(大陆叫富士康)组装了几乎所有的苹果iPhone、iPad,台积电、联发科则是芯片制造领域的世界级巨头。

第四次产业转移(20世纪80—90年代)。这次国际产业转移输出国是美国、日本、德国、亚洲"四小龙",输入国是发展中国家。这次国际产业转移,在极大程度上受到产业模块化发展的影响。所谓"模块化",就是将产业链中的每一个工序分别按照一定的"模块"进行调整、分割,模块各自独立运行,然后依据统一的规则与标准连接成整体。

发展中国家是第四次国际产业转移的最大受益者,而中国也正是在此次产业转移中逐渐成了"世界工厂"。这是人类经济史上第一次出现最大发达国家和最大发展中国家同时成为世界经济增长中心的局面。

在第四轮转移中,中国是重心,严格来说,中国大陆真正开始承接全球制造业转移是在2000年之后。我们也要看到,除了广为人知的"世界工厂"外,我们还有BAT(百度、阿里巴巴、腾讯)以及与硬件制造相关的海尔、联想、华为、中兴、小米等厂家品牌,中国制造业已经形成了自给自足、能为海外品牌代工也能推出自有产品的庞大体系。

第五次产业转移发生在2008年国际金融危机后。本次国际产业转移出现了与以往四次不一样的特点,前四次的产业转移都是单方向由上往下转移,即由发达经济体向新兴经济体转移,而这次转移出现了"双向转移"现象。一方面,受"再工业化"政策的影响,产业高端链条回流欧美发达国家;另一方面,受成本上升影响,产业低端链条开始从中国向成本更低的地区转移。为了留住产业高端链条,中国也在积极推进《中国制造2025》计划。

然而,让人没有想到的是,中美贸易战的爆发,剑指《中国制造2025》,同时导致中国出口商品到美国受阻。如果贸易战长期打下去,我们不能只说中国出口到美国的那5 000多亿美元没了,因为这5 000多亿美元连着中国和东盟5 300多亿美元的进出口贸易,中国和韩国3 000多亿美元的进出口贸易,中国和日本2 000多亿美元的进出口贸易,以及中国和其他一些地区的贸易,合起来不只1万多亿美元。其中很多是进口的原料、零部件或者中间产品,加工以后再出口。比方说,我们出口到日本、美国的服装,有不少是我们先进口面料,做了服装再出口。如果对美出口的5 000多亿美元没有了,那么很多进口也就没有了。这是交叉贸易,它影响的不只是5 000多亿美元。当然我们也没赚到这5 000多亿美元出口应该赚到的钱。因为美国及其他国家的投资者以及进口商、分销商都从中赚了钱。这5 000多亿美元的损失对就业、社会稳定、很多家庭的影响都是很大的。

不论中美贸易谈判结果怎么样,我们最好的应对策略可能就是——抱最大的希望,做最坏的打算。如果贸易战停止当然是有利于我们继续与国际市场互动,但这不是我们当前考虑的重点。假设中美贸易战一直打下去,像美日贸易战一样,一打30年,那我们该怎么办?我想中国领导层已经考虑到这些问题,这里我只是给出一些我的思考。

众所周知,经济越发达的国家,在全球贸易中占有越大的比重,比如美日德等资本主义国家,在全球贸易总额中就名列前茅。中国作为世界第二GDP大国,我们的贸易水平在世界格局当中大概处于什么位置呢？我们看一下世界贸易组织（WTO）公布的2017年全球货物贸易总额排行榜（表1-1）：

表1-1 2017年全球货物贸易总额排行榜

来源：世界贸易组织

排名	国家或地区	货物进出口金额	
		百万美元	比重/%
	世界	35 753 980.3	100.000 00
1	中国大陆	4 105 218.0	11.481 85
2	美国	3 956 219.7	11.065 12
3	德国	2 615 337.2	7.314 81
4	日本	1 370 051.3	3.831 88
5	荷兰	1 226 307.8	3.429 85
6	法国	1 159 902.2	3.244 12
7	中国香港	1 140 180.0	3.188 96
8	英国	1 089 036.7	3.045 92
9	韩国	1 052 172.0	2.942 81
10	意大利	958 850.5	2.681 80
11	加拿大	862 589.7	2.412 57
12	墨西哥	841 647.1	2.354 00
13	比利时	832 627.1	2.328 77
14	印度	745 617.2	2.085 41
15	新加坡	700 926.0	1.960 41
16	西班牙	671 150.8	1.877 14
17	阿拉伯联合酋长国	628 000.0	1.756 45
18	俄罗斯	590 904.0	1.652 69
19	中国台湾	576 879.9	1.613 47
20	瑞士	568 446.3	1.589 88

根据WTO公布的2017年全球货物贸易总额排行榜，中国2017年进出口总额增长14.2%，增幅创6年新高，再次成为世界第一贸易大国。如果以进出口总额计，自2013年以来，中国连续三年成为全球货物贸易第一大国，2016年以204亿美元之差被美国反超，而2017年再度赶超美国。

美国开打贸易战以后，2018年数据怎么样呢？据2019年1月14日中国海关总署的数据显示，按美元计，我国2018年外贸进出口总值为4.62万亿美元，同比增长

12.6%,再创历史新高。值得一提的是,2018年,中国贸易顺差为3 517.6亿美元,收窄16.2%,为2013年以来最低。此外前三位贸易伙伴也"浮出水面",分别是欧盟、美国和东盟一带一路国家,2018年我国与欧盟、美国和东盟前三大贸易伙伴进出口分别增长7.9%、5.7%和11.2%,三者合计占我国进出口总值的41.2%。具体来看如下:

(1) 中、欧贸易:按人民币计,中国2018年对欧盟出口同比增长7%,进口增长9.2%,欧盟继续保持我国最大贸易伙伴地位。

(2) 中、美贸易:中国2018年与美国贸易总额同比增长5.7%,其中,2018年中国对美国出口4 784亿美元,同比增长11.3%,而中国对美贸易顺差为21 407.5亿人民币。

(3) 我国对"一带一路"沿线国家合计进出口8.37万亿人民币,同比增长13.3%,高出全国整体增速的3.6个百分点,我国与"一带一路"沿线国家的贸易合作潜力正在持续释放,成为拉动我国外贸发展的新动力。

从上面一系列数据来看,我们的对外贸易总体健康发展。要化解美国贸易战带来的负面影响,至少可以从以下几个思路出发,只有思路清晰了才能更好理解国家的一些政策。

(1) 继续开辟新的国际市场,比如加强一带一路沿线国家的合作。目前中国与一带一路沿线国家的进出口贸易额占中国总进出口额的27%,而一带一路沿线国家多数为发展中国家,市场潜力还很大,如果美国不进口中国商品,那么一带一路沿线国家有可能替补上。

(2) 大力激发国内市场,尤其是农村市场。中国目前是世界上最大的销售市场。十九大以后国家积极推行乡村振兴战略,其实也给出口转内销提供了很好的环境。

(3) 继续产业升级,积极投资研发高端领域,比如智能制造、5G技术、芯片技术等,只有把握产业链高端,才能不受美国牵制。中国制造目前还有很多属于中低端的加工装配制造,如果这些中低端产业链都转移到东南亚或拉美国家,虽然会丧失一部分贸易额,但只要高端制造掌握在自己手里,相反会迎来经济更高质量的发展。就像苹果手机制造主要在中国,但美国苹果公司掌握核心技术,所以并不影响苹果公司赚取最大利润,甚至一度成为全球市值第一的超级公司。

(4) 从企业的角度,中国的企业视野不能仅仅放在国内,而要有全球的战略眼光,做全球的资源配置,不管产业链如何转移,一样可以把握行业价值链上利润丰厚的环节(像苹果公司一样),同时做好上下游的供应链管理,这样的公司就可以成为一家优秀的公司。归根到底,不管产业链如何转移,只有中国的公司赚钱、更赚钱,我们的国家才能更加富强。

1.3 价值链、供应链与产业链的关系

前面两节主要是从国家层面来探讨中美贸易战的原因及可能引发的后果,本节将

从企业角度来分析如何应对当前宏观环境的变化。改革开放进行了40年,做企业并不是简单地做个产品或者做一笔贸易、接一个工程,企业需要了解自身在行业价值链中扮演什么角色,到底有没有钱赚,同时,还要考虑能不能通过供应链管理来提升企业效率。只有把自身做好,才能在产业链环境变化的时候,拿出更好的对策。所以,接下来,我们将重点谈一谈价值链、供应链与产业链,理清三者的关系及内涵。

1. 三个概念的定义

所谓价值链(Value Chain),是指企业在一个特定产业内的各种活动的组合,它反映企业所从事的各个活动的方式、经营战略、推行战略的途径以及企业各项活动本身的根本经济效益。具体来说,企业的价值创造是由一系列活动构成的,这些活动可分为基本活动和辅助活动两类,基本活动包括内部后勤、生产作业、外部后勤、市场和销售、服务等;而辅助活动则包括采购、技术开发、人力资源管理和企业基础设施等。这些互不相同但又相互关联的生产经营活动,构成了一个创造价值的动态过程,即价值链(图1-6)。

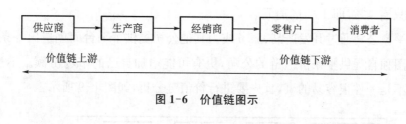

图1-6 价值链图示

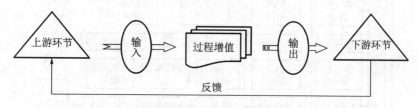

图1-7 过程增值图示

价值链的每一环节都与其他环节相关,但是一个环节能在多大程度上影响其他环节的价值活动,则与其在价值链条上的位置有很大的关系。根据产品实体在价值链各环节的流转程序,企业的价值活动可以被分为"上游环节"和"下游环节"两大类。在企业的基本价值活动中,材料供应、产品开发、生产运行可以被称为"上游环节";成品储运、市场营销和售后服务可以被称为"下游环节"(图1-7)。上游环节经济活动的中心是产品,与产品的技术特性紧密相关;下游环节的中心是顾客,成败优劣主要取决于顾客特点。不管是生产性还是服务性行业,企业的基本活动都可以用价值链来表示,但是不同的行业其价值的具体构成并不完全相同,同一环节在各行业中的重要性也不同。例如,在农产品行业,由于产品本身相对简单,竞争主要表现为价格竞争,一般较少需要广告营销,对售后服务的要求也不是特别强烈。与之相应,价值链的下游环节对企业经营的整体效应的影响相对次要；而在许多工业机械行业以及其他技术性要求较高的行业，售后服务往往是竞争成败的关键。

微软及其 Windows 操作系统（图 1-8）作为个人电脑桌面（许多商业软件都是为此开发的）的核心，经常被看作驱动了一条价值链的公司和产品的典型。企业在为个人电脑购买软件时，花在附加软件的支出远远超过基本操作系统的支出，而操作系统是运行这些附加软件的标准。其他公司必须符合 Windows 的

图 1-8

标准，从这个意义上可以说微软控制了一条价值链。根据麦肯锡公司的一项研究报告，这条独特的价值链在 1998 年价值达到 3 830 亿美元，而微软在这条价值链中所占的份额只有 4%，即 153 亿美元。

如果一家公司通过开发产品、服务或为其他公司提供了平台而创造出一条价值链，相比于试图独自提供整条价值链的公司，更有可能增加自己的市场份额。不过要想做到这一点不是一件很容易的事，首先要进行价值链分析，如图 1-9 所示：

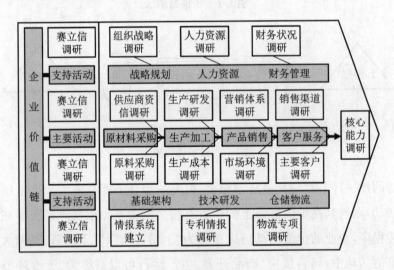

图 1-9

所谓供应链（Supply Chain），是指围绕核心企业，通过对物料流、资金流和信息流的控制，从采购原材料开始到制成品，最后通过销售网络把产品送到消费者，将供应商、制造商、销售商直至最终用户，连成一个有机整体的网链结构。每个企业在供应链中都是一个节点，相邻节点企业之间是一种供应与需求关系，因此称之为供应链。供应链是企业的前伸和后延，是一条从原材料供应商到最终用户的物流链，也是一条价值增值链，

因为物料在供应链上加工、包装和运输,是一个不断增加市场价值和/或附加价值的增值过程,如图1-10所示。

供应链上各企业之间的关系与生物学中的食物链类似。在"草—兔子—狼—狮子"这样一个简单的食物链中(为便于论述,假设在这一自然环境中只生存这四种生物),如果我们把兔子全部杀掉,那么草就会疯长起来,狼也会因兔子的灭绝而饿死,连最厉害的狮子也会因狼的死亡而慢慢饿死。可见,食物链中的每一种生物之间是相互依存

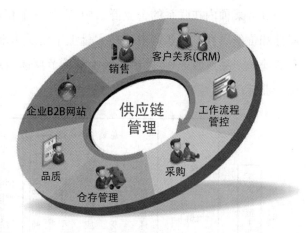

图1-10

的,破坏食物链中的任何一种生物,势必导致这条食物链失去平衡,最终破坏人类赖以生存的生态环境。

同样道理,在供应链"企业A—企业B—企业C"中,企业A是企业B的原材料供应商,企业C是企业B的产品销售商。如果企业B忽视了供应链中各要素的相互依存关系,而过分注重自身的内部发展,生产产品的能力虽然会不断提高,但如果企业A不能及时提供生产原材料,或者企业C的销售能力跟不上企业B产品生产能力的发展,那么我们可以得出这样的结论:企业B生产力的发展不适应这条供应链的整体效率。所以,供应链里就衍生了一个概念——核心企业,而供应链管理也是围绕核心企业展开的(图1-11)。

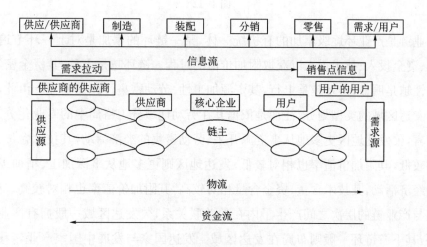

图1-11

所谓产业链(Industry Chain),是指经济布局和组织中,不同地区、不同产业之间或相关联行业之间构成的具有链条绞合能力的经济组织关系。产业链的本质是用于描述一个具有某种内在联系的企业群结构,它是一个相对宏观的概念,存在两维属性:结构属性和价值属性。产业链中存在大量上下游关系和相互价值的交换,上游环节向下游环节输送产品或服务,下游环节向上游环节反馈信息。如图1-12所示为我国通用航空全产业链。

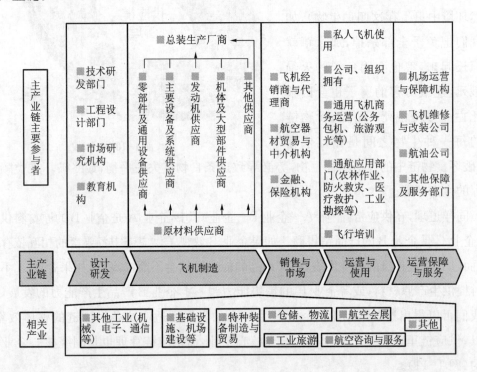

图 1-12

产业链是产业环逐级累加的有机统一体,某一链环的累加是对上一环节追加劳动力投入、资金投入、技术投入以获取附加价值的过程。链环越是下移,其资金密集性、技术密集性越是明显;链环越是上行,其资源加工性、劳动密集性越是明显。由此,欠发达区域与发达区域的类型划分,往往是依据其在劳动地域分工格局中的专业化分工角色。一般而言,欠发达地区更多地从事资源开采、劳动密集的经济活动,其技术含量、资金含量相对较低,其附加价值率也相对较低;发达地区则更多地从事深加工、精加工和精细加工的经济活动,其技术含量、资金含量相对较高,其附加价值率也相对较高。因此,区域类型与产业链的层次之间产生了内在的关联关系,欠发达区域一般拥有产业链的上游链环,其下游链环一般则布局在发达区域。发达国家与发展中国家产业转移的逻辑如图1-13所示。

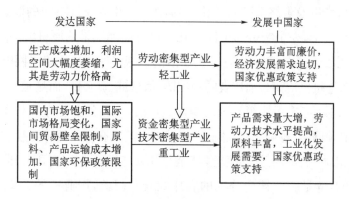

图 1-13

2. 三个概念内涵的区别

由定义可见,价值链主要是相对于一个企业而言的,是针对企业经营状况开展的价值分析,其目的是弄清楚企业的价值生成机制,剖析企业价值链条的构成并尽可能加以优化,从而促进企业竞争优势的形成。企业不同,其价值生成机制也不同,在这些企业的价值链条构成中各有其价值生成的重要节点,有的在生产,有的在研发,有的则在营销或管理上。如果企业某一节点上的价值创造能力在同行中遥遥领先,我们就可以说这个企业在这方面具有了核心竞争能力。

供应链往往是相对多个企业而言的,除非是大型的企业集团,否则很难构建其自身的供应链,即便如此,有时也难免向集团外部延伸。因此,供应链可以说是企业之间的链条连接。供应链来自物流范畴,对其的管理及供应链管理一般来讲指的是跨企业的物流管理。但是,随着现代电子商务的发展,许多企业在完成其自身流程的变革后实现同其他企业的连接已不仅仅局限在物流管理层面上,这使得供应链管理的内涵增加了商流的内容。供应链管理的发展是通过计算机网络技术发展推动的,同时也是企业实施战略联盟和虚拟经营的结果。企业实施供应链管理的目的,一方面是为了降低成本,另一方面是提高反应速度,其本质目的是为了构筑企业的核心能力。

供应链是现代物流管理理论与实践发展的一个产物,是伴随着经济全球化和知识经济时代的到来而发展起来的一种全新的现代化管理理念,并已在制造业中得到了普遍的应用。美国供应链管理专业协会对供应链的概念有这样的解释:"供应链——目前国际上广泛使用的一个术语,囊括了涉及生产与交付最终产品和服务的一切努力,从供应商的供应商到客户的客户。"换句话说,企业从原材料的采购、运输、加工制造、分销直至最终送达消费者手中的业务流程,被看成是一个环环相扣的"链",由于相邻节点的企业间表现出一种需求与供应的关系,当把所有相邻企业依次连接起来,便形成了供应链。在这条链上,物流、信息流、资金流沿着两个方向在不同环节间流动,因此,供应链又是动态的。一个典型的供应链涉及许多环节,包括原材料/配件供应商、制造商、批发商/分销商、零售商以及最终消费者。供应链的每个环节履行不同的职责,并与其他环节相互作用。事实上,一个制造商可能从几个供应商那里采购原材料,并给几个分销商供货。因此,大多数供应链实际上是一个网络结构,或者叫供应网络或网链更为准确。供应链不仅是一条连接供应商与消费者的物流链、信息链、资金链,而且是一条增值链,物料在供应链上因加工、包装、运输等过程而增加其价值,给相关企业都带来收益。但供应链上的节点企业必须同步、协调运行,才有可能使链上的所有企业都能受益。

产业链是相对于不同企业的概念,甚至是相对于不同地区和国家的概念。从某种程度上来说,产业链是企业社会分工的有序绞合。因此,产业链的含义范围大于供应链。产业链理论在宏观经济管理和区域经济发展中发挥着重要的作用,其对于经济板块联系的加强以及产业复合体的形成有着重要的推进作用。也就是说,产业链条的构筑已经成为地方乃至国家在经济发展规划中的重要议题。

产业链是指由一种产品的"生产—流通—消费"全过程所涉及的各个相关环节和组织载体构成的一个网络状结构。它是一个产业成长发展的必然产物,是随着该产业的形成而自然形成的,并将随着该产业的消亡而自动消失。以农产品产业链为例,其主链由产前、产中、产后加工、流通、消费等环节构成,每个环节又涉及各自的相关子环节和不同的组织载体。例如,产前环节包括种子、饲料等生产资料的供应环节(涉及种子、饲料供应商);产中环节包括田间管理和农用物资供应环节(涉及农户或生产企业、农资供应商);产后加工环节包括产品分级、包装、加工、贮藏(涉及加工企业);流通环节包括产品的储运、批发、零售(涉及储运商、批发商、零售商)。

在国外,这个产业链被形象地比喻为"种子—食品(feed—food)",在我国通常被称为"田头—餐桌"。可见,不论国内、国外,也不论产销体制有多少区别,农产品的产业链都是客观存在的。

关于产业链,不得不提郎咸平教授的"6+1"产业链理论,他的理论曾经引起整个学界对产业链的重视。"6"指的是:第一产品设计,第二原料采购,第三仓储运输,第四订单处理,第五批发经营,第六终端零售;"1"指的是:生产制造,如图 1-14 所示。

从 2006 年开始,郎咸平对于制造业的支着就是著名的"6+1"理论,即整合全产业链。他认为"中国不是制造业大国,真正的制造业大国是美国","中国越制造,美国越富裕"。他的理由是当今是产业链竞争的时代,

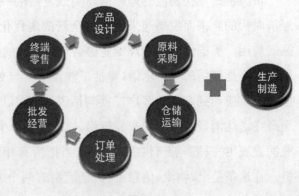

图 1-14

中国只负责产业链中的制造环节,且只拿到一丁点利润,还导致环境污染,剥削劳工等问题,其他利润全被欧美国家拿走,所以中国越制造,美国越富裕。"6+1"理论认为:中国企业在应对外部竞争中仅仅占据了生产这个'1'的环节,利润少得可怜,而整个产业链的"6"——包括产品设计、原料采购、仓储运输、订单处理、批发经营以及终端零

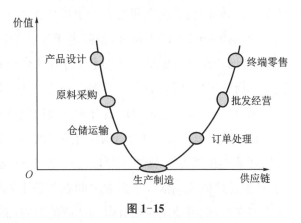

图 1-15

售,能创造的价值是 90%(图 1-15)。且不管郎咸平的理论是否有夸大或吸引眼球的成分,但这个理论确实起到震撼社会的作用,所以从那时起,产业升级、产业结构调整都受到国家和企业的重视,并得到很多企业的实践。自此中国制造业也由最初的加工代工逐渐发展到让美国有些害怕的地步,不然贸易战也不会剑指《中国制造 2025》。

2019 年年初郎咸平在广东卫视《财经郎眼》节目演讲中提出,制造业在 2018 年成为经济增长的新引擎,并且中国出现了动能转换现象,也就是原来中国经济发展的三驾马车(投资、消费、出口)已经变为新三驾马车——制造业、基建和房地产,并提供 2018 年前三季度的经济拉动主要因素的数据加以佐证(如图 1-16):

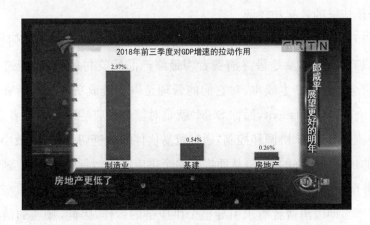

图 1-16

从数据可以看出,制造业在 GDP 推动这一块的作用远远超过基建和房地产。对此不过多引申,只想说 10 多年过去了,中国的产业升级已经取得明显成效,但是距离世界顶尖水平,在很多领域,我们的企业还需要继续努力。

3. 三个概念的联系

价值链理论的应用有助于人们了解企业的价值生成机制,其既是一个分析竞争优

势的工具,同时也是建立和增强竞争优势的系统方法。我们经常会看到同样一个行业的企业,有的赚钱有的不赚钱,刨除老板经营的因素,造成这种盈亏不平衡的关键原因在于,有的企业善于做价值链分析,而有的企业却不会。价值链分析也有一个通俗叫法——行业经验,所以现在人们都有一个共识,钱是给行家赚的。但我们以为,经验在于总结,也就是要经常做价值链分析。而价值链分工是实施供应链管理的前提,因为没有价值链分工就不会产生上下游,当然也就不存在什么供应链管理。

产业链虽然是宏观经济管理的理论,但在运作上企业却是其构筑的载体,也就是说,产业链条的构筑依赖于企业之间在经营上的有序连接,所不同的是,供应链连接可能是多向的,也可能发生在有限的产业范围内,而产业链条往往则是垂直的和广范围的或者说是多环节的。同样可以认为,供应链的连接往往是产业链生成的基础,而产业链条正是多重供应链条的复合体。

从表面上看,供应链与产业链非常相似,但是,供应链概念从早期的提出就非常注重供应链的整体观,并逐步发展到强调供应链上各个环节的战略伙伴关系。应该说,产业链是供应链的一个物质基础,即供应链是针对某一产业链而言的。一个供应链能否构成或能否有效运作,取决于供应链上的各个参与者能否建立起稳定的战略伙伴关系。若没有建立起稳定的战略联盟,则产业链依然存在,而供应链会处于一种断裂状态,链上的各个企业互不合作,各自为政,这时,即使某个企业的运作效率较高,但从系统的角度来看,整个供应链的效率却较低。

由此可以看出,供应链的目的是最大化供应链的总体效益。对于任何供应链来讲,其收入来源只有一个,那就是最终消费者为最终产品所支付的费用,但链内所有的物流、信息流、资金流都要产生成本,对它们的管理是供应链成功的关键所在。供应链管理(Supply Chain Management,简称SCM)就是对整个供应链中各参与者之间的物流、信息流、资金流进行计划、协调和控制,通过贸易伙伴间的密切合作,以最小的成本为客户提供最大的价值和最好的服务,从而提高整个供应链的运行效率和经济收益,并通过一定的利益分配机制使供应链上所有贸易伙伴的经济效益得到提高。供应链管理的核心是"订单管理",即以消费者需求引导整个供应链的运作,因此,畅通的信息流是供应链管理的基础。

综上,价值链、供应链和产业链之间存在着紧密的联系,认清三者的区别和联系具有重要的指导意义。三者之间的内涵与外延可以用图1-17表示。

总结一下,一个产业链里,根据不同

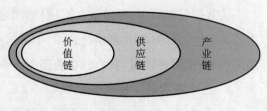

图 1-17

环节的核心企业可能会产生很多条供应链,前提是核心企业上下游形成稳定的战略合作关系。而作为单个企业,不论是核心企业还是上下游企业,都可以比照同业公司做价值链分析,发现利润区,并在利润区里建立强有力的竞争优势,这样就可以实现利润最大化。不是所有企业都可以做得很大,但所有企业都可以做价值链分析,让自己虽小而美——利润丰厚。

1.4 实施供应链管理的重要意义

上一节我们分析了产业链、供应链和价值链,并得出一个结论:产业链是供应链诞生的物质基础,价值链分工是实施供应链管理的前提。如果把产业链比作一个菜园,那么价值链就是菜谱,而供应链管理就是如何炒出一盘好菜。谁是厨师呢?当然是企业。可见,说一千道一万,落点还是在供应链管理。英国经济学家马丁·克里斯托弗更是直白地道出,"市场上只有供应链而没有企业,21世纪的竞争不是企业与企业之间的竞争,而是供应链与供应链之间的竞争"。好的供应链是管理出来的,接下来我们就正式解读供应链管理。

首先,看图1-18,从这张图可以清晰地了解供应链管理的一些详细内容,通过分类管理,给人感觉管理企业也并不像想象中的那么难,供应链管理就像是企业管理的地图一样,按图索骥即可。这对上了一定规模的供应链上的核心企业,尤其有参考意义。

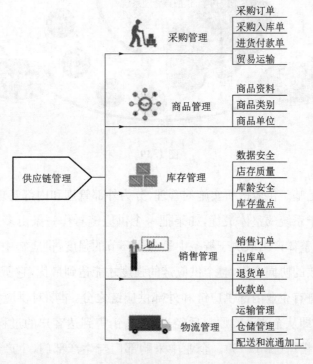

图 1-18

20世纪80年代初,由于科学技术不断进步和经济不断发展,在全球竞争日益加剧的背景下,用户需求的不确定性和多样化,使得产品寿命周期逐渐缩短和产品结构越来越复杂,如何抓住市场机遇、快速而有效地满足顾客的个性化需求,提高顾客的满意度,这些都对传统企业管理运作模式提出了新的挑战。而此时应运而生的供应链管理以其敏捷度高、生产成本低、生产周期短等特点,近年来得到全球制造业的广泛重视和运用,供应链管理正成为企业管理一种新的管理模式,为企业适应并参与全球竞争提供了一个有效途径。

供应链管理是指利用现代信息技术,通过改造和集成业务流程、与供应商以及客户建立协同的业务伙伴联盟,实施电子商务,使围绕核心企业建立的供应链最优化,并使它能以最低的成本、最好的服务水平来实现从采购开始,制成产成品,再到满足最终客户的需求所有流程的有效运作,把合适的产品以合理的价格及时地送到消费者手上。

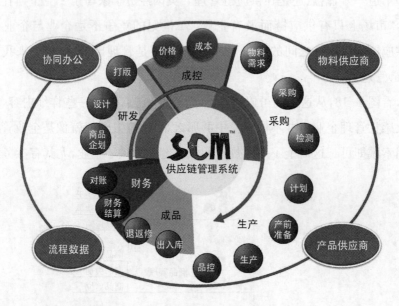

图 1-19

供应链管理是基于供应链所实施的管理,分为外部管理和内部管理,系统各个部分的最优之和不等于系统的整体最优,如果把一个供应链看作一条由多个环节组成的链条,那么供应链的整体产出取决于链条中最薄弱环节的强度,供应链中各节点企业之间通过集成形成有效的协同合作,整个供应链的强度才能达到最优,它所创造的价值才能达到最大。供应链有企业内部供应链和外部供应链之分,早期对供应链的研究仅限于企业内部供应链,即从企业采购原料后经过生产、销售到达客户的过程,起点是原材料采购,终点是产品销售(图1-19)。企业中采购部门与生产部门,生产部门与销售部门之间存在供需关系,甚至生产部门内部工序间也同样可以看成存在供需关系,企业内部推行的 ERP 系统就是利用信息技术针对内部供应链的管理和内部业务流程的整合,通过这种整合改善企业的运营效率。外部供应链是指企业外部的,与企业相关的产品生产和流通过程中涉及的原材料供应商、生产商、储运商、零售商以及最终消费者组成的供需网络,向上游前伸到供应商,向下游后延到顾客(图 1-20)。

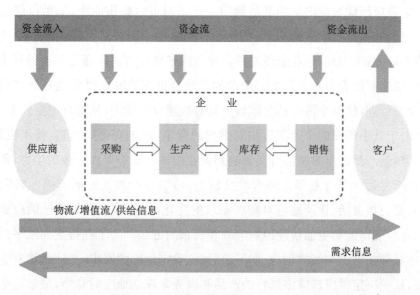

图 1-20

在以规模化需求的卖方市场背景下,企业为了最大限度地掌握市场份额,必然要牢牢地控制用于生产和经营的各种资源,传统上采用的策略是通过扩大自身规模,进行高度自制,即一个企业囊括了几乎所有零部件的加工、装配活动,不仅如此,还参股到供应商、销售商企业,把分销甚至零售环节的业务也纳入自己的业务范围内,构成"原材料—制造—分销—零售"纵向销售链,对其实施全过程控制,以增加各个业务活动阶段的利润,最后形成了无所不包的超级组织,这就是人们所说的"纵向一体化"策略。这种"单打独斗"的管理模式增加了企业投资负担,迫使企业从事某些并不擅长的业务活动,在每个业务领域都直接面临众多竞争对手,增大了企业的行业风险。

当卖方市场逐渐向买方市场过渡时,初级外部供应链管理出现,企业对供应链的管理向上游供应商延伸,研究的内容主要局限于供应商的选择、降低成本、控制质量、保证供应链的连续性和经济性等。采购管理是企业管理的重要组成部分,任何向市场提供产品和服务的企业都离不开对原材料和消耗品的采购,对于汽车制造行业而言,零部件采购成本通常占产品销售成本的 60%以上。在传统管理思想的指导下,采购战略强调拥有众多供应商、竞争性报价和短期合约。各职能部门以及企业通常片面、短期地追求本部门的利益最大化,企业采购人员与供应商之间通常是敌对关系,主要关注产品的采购价格而不是供应商的能力。随着竞争加剧,企业意识到"术业有专攻",采取"横向一体化"策略,即企业与供应商建立合作伙伴关系,将企业的核心竞争力集中于自己擅长的业务上,将非核心业务外包,使企业内部供应链外化,特别是物流的外包,从而提高企业的核心竞争力。例如苹果公司专注于产品设计等技术工作,制造外包给富士康等其他公司。企业应该像对待内部的其他部门一样来对待这些供应商,如果仅仅是为了降低零部件单价和通过批量采购来套利而不断争斗,企业将很难实现精益的生产方式和改进价值创造方式,因此,企业必须通过合理集成来转化与供应商之间这种互不信任的状况,并将供应商作为中心工厂的一个前伸。整合供应链要对供应商和分销商进行优化选择、动态管理,使整个供应链对市场更具有快速反应能力,从整合中要效率和效益。

现今由于几乎所有的企业都面临着激烈的竞争,市场寿命周期短、技术更新快、产品换代频繁,新产品推出的速度直接影响到企业的核心竞争力和企业的生存,例如电子行业(手机产品)、汽车行业等。随着敏捷制造、精益生产和快速响应等顾客需求的提出,企业需要更加灵活、快速地应对顾客需求的变化,企业和它们的关键供应商每天都在寻找让自身变得能够更加快速地响应顾客需求的方法。为了获得更高水平的响应能力,供应链必须能够识别终端用户,向下游后延,确定他们的需求,并注意观察竞争对手在做什么,从而决定供应链应该选择的产品和服务来成功地应对竞争,最后还必须考虑这些需求对供应链上每个参与者的影响。竞争模式从基于价格的竞争向基于质量和服务转移,最终转移到基于时间的竞争。基于不稳定的顾客需求信息和源于安全库存的需求的预测,供应链越长会使得安全库存的放大效应愈演愈烈,因为订单会传递给供应链上更远的供应商。这种现象将会给企业造成严重的后果,导致产品库存积压严重、服务水平不高、产品成本过高以及质量低劣等问题,使企业在激烈的市场竞争中处于不利的地位。"零库存"是一种精益生产方式,即将必要的产品,在必要的时间,生产出必要的数量,这种由订单和需求驱动的生产方式,致力于通过消除供应链上下游的一切形式的浪费,包括订单处理的浪费、运输的浪费、库存的浪费,以及零部件质量不合格或是交货期不准所产生的浪费等,让存货规模不断地"瘦身",以达到降低成本的最终目的。

未来真正的竞争不是企业与企业之间的竞争,而是包括上下游企业在内的供应链与供应链之间的竞争。供应链管理通过"链"上各个企业之间的分工与协作,致力于整个"链"上物流、信息流与资金流的优化,从而提高企业供、产、销整条"链"的竞争能力,提升顾客满意度。由"单打独斗"发展到"合作联盟",实现"双赢"乃至"多赢"。

供应链管理具有"仿不了、买不来、拆不开、带不走"等特点,是企业在当今激烈的全球市场竞争中生存和发展的一个重要武器,是赢得市场竞争优势的一种新型手段,也必将在实践中不断发展、不断完善。

第2章 供应链金融让供应链成为共赢链

2.1 我国供应链金融产生的背景

2.2 供应链金融的概念及发展现状

2.3 直面供应链上中小企业融资难题

2.4 供应链金融让供应链成为共赢链

  曾经有这样一个故事：一个炎热小镇慵懒的一天，太阳高挂，街道无人，每个人都债台高筑，靠信用度日。这时，从外地来了一位有钱的旅客，他进了一家旅馆，拿出一张1000元钞票放在柜台，说想先看看房间，挑一间合适的过夜。就在此人上楼的时候，店主抓了这张1000元钞，跑到隔壁屠户那里支付了他欠的肉钱。屠夫有了1000元，横过马路付清了猪农的猪本钱。猪农拿了1000元，出去付了他欠的饲料款。那个卖饲料的老兄，拿到1000元赶忙去付清他召妓的钱(经济不景气，当地的服务业也不得不提供信用服务)。有了1000元，这名妓女冲到旅馆付了她所欠的房钱。旅馆店主忙把这1000元放到柜台上，以免旅客下楼时起疑。此时那人正下楼来，拿起1000元，声称没一间满意的，他把钱收进口袋，走了……这一天，没有人生产了什么东西，也没有人得到什么东西，可全镇的债务都清了，大家很开心……

  ——这个故事深入浅出地说明了供应链金融的道理！

2.1 我国供应链金融产生的背景

供应链金融起源于供应链管理,传统的供应链管理强调"6R",即将顾客所需的正确的产品能够在正确的时间按照正确的数量、正确的质量和正确的状态送到正确的地点,并使总成本最小(图2-1)。然而,随着经济全球化与网络化进程的加速,不同地区、国家、产业、公司之间的隔离被逐步打破,大企业与强国在供应链中占据主导优势地位,而落后地区的小企业则处于劣势地位,成为全球供应链中的短板,制约了全球供应链的发展。为了增强供应链的稳定性和减少供应链整体的财务成本,新时代的供应链研究和探索开始强调提升资金流效率,重塑商业流程。在此背景下,供应链金融开始产生。

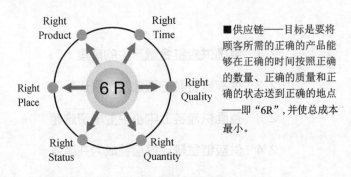

■供应链——目标是要将顾客所需的正确的产品能够在正确的时间按照正确的数量、正确的质量和正确的状态送到正确的地点——即"6R",并使总成本最小。

图2-1 供应链管理目标

供应链金融的发展与壮大是因为这种全新的产融结合模式解决了传统供应链中的参与主体的痛点。对于中小企业,供应链金融模式为全球激烈竞争环境中处于资金支持弱势、降低成本能力弱势、风险管理弱势的中小型企业提供了低成本的融资平台与高效率的运营平台;对于大型核心企业,供应链金融模式降低了整体的供应链成本并探索出新的收入增长点;对于传统的金融机构,供应链金融模式探索出全新的风险管理与流动性管理路径,为利率市场化后的金融机构找到了丰富收入来源的通道。随着供应链金融的发展,物流、信息流与资金流将三流合一,供应链整体的资本结构、资本成本、资金流转周期改善的问题都将有一个整体解决方案,供应链整体绩效将得到有效提升。

全球一体化与网络化背景下的供应链金融是一种独特的商业融资模式,也是一种全新的产业组织模式。供应链金融的模式通过产业数据的底层渗透,能够对产业链整体企业进行全面把控,提供全面金融服务,促进供应链上企业资金流与"产—供—销"链条的稳固和流转顺畅,降低整个供应链运作成本。同时,供应链金融模式也对企业间的关系以及企业与银行之间的关系进行改造。一方面由于银行的介入使供应链上的企业合作能够更加紧密,另一方面,企业与银行之间突破了单纯的资金借贷行为,而是基于企业真实业务的资金链维护与监控的全程合作,形成了实体经济和金融企业共生发展的新模式。因此,我们认为,供应链金融的本质是通过金融资本与实业经济的协作,构筑银行、企业和供应链的互利共存、持续发展的新型产业生态。

从宏观层面,随着经济全球化和网络化的发展,不同公司、国家甚至一国之内不同地区之间比较优势被不断地挖掘和强化。往往对于经济和金融欠发达地区或资金不够雄厚的中小企业而言,一些"成本洼地"成为制约供应链发展的瓶颈,影响到供应链的稳定性和财务成本,在这一背景下,供应链研究和探索的中心逐渐转向了提升资金流效率的供应链金融层面。在激烈的竞争环境中,充足的流动资金对企业的意义越来越重要,尤其是对于发展机遇很好却受到现金流制约的中小企业,它们往往没有大型企业的金融资源,却是供应链中不可或缺的重要环节;它们虽然具有可观的发展潜力,却常常因为上下游优势企业的付款政策而出现资金短缺的问题。中小企业对供应链不可或缺的意义,体现了解决其融资问题的必要性,由此带来的挑战是对供应链的参与者及其关系的新的理解,以及对金融和供应链物流交叉领域中的组织间交互模式的研究。

从微观层面,在整个供应链的过程中,资金流是企业的生命源泉,因为资金流动能满足企业任何时刻的支付需求。企业支出和收入的资金发生在不同的时刻,这就产生了资金缺口。如果不能有效地解决资金流和商流、物流与信息流的整合,供应链就难以为继,这是供应链金融产生的微观基础。

此外,产业方面的背景对供应链中金融问题的产生也是一种驱动力。从某种意义上来讲,供应链金融是适应国际贸易新形势背景下的产物,是在新的国际贸易背景下对新型组织间关系的有益探索。具体表现在:

(1) 国际贸易的全球化趋势催生新的贸易融资模式。

(2) 中小企业贸易融资需求亟待供应链金融的支撑。

(3) 商业银行的发展以及金融业态的多样化需要新的业务生长点和利润来源。

当前,国内经济也在持续转型升级,供给侧结构性改革是突破口和着力点。而金融端是供给侧改革的关键,尤其是在从制造大国向制造强国迈进,"产融结合、脱虚向实"的背景下,更需要加强金融支持和服务。而供应链金融是应"产业发展需求"而生,不管对于国际发展战略与进程,还是对于国内转型战略与进程,供应链金融都生逢其时。供应链金融不仅仅是一种融资服务,供应链运营效率的提升、供应链整体竞争力的提升、生态圈的建立和繁荣也是供应链金融的非常重要的使命。所以,供应链金融是金融端供给侧改革的重要抓手。

2.2 供应链金融的概念及发展现状

本节先来谈一谈供应链金融的概念。供应链金融的传统定义是：将供应链的核心企业以及与其相关的上下游企业看作一个整体，以核心企业为依托，对供应链上下游企业提供综合性金融产品和服务。

这种"1+N"的定义我们觉得是片面和过时的，因为供应链对应的很多流通行业是没有核心企业的，或者核心企业并不能占据主导地位，如大宗商品的库存融资就不依赖任何核心企业。我们对供应链金融的定义是：一、供应链金融是为整个流通环节提供资金服务，形式不限；二、供应链金融是无因化的，即看具体商品或应收账款进行贷款，而不取决于融资企业的资信。

供应链金融的创新与发展已上升到国家层面，2017年10月13日印发的《国务院办公厅关于积极推进供应链创新与应用的指导意见》（以下简称《意见》）明确指出要积极稳妥发展供应链金融。2017年8月国资委《关于进一步排查中央企业融资性贸易业务风险的通知》推动国企退出供应链金融领域，给予市场更大空间，可见供应链行业发展将迎来春天。

供应链金融是实业与金融的结合，也是互联网金融供给侧改革的创新之一。金融自身的创新，也能够创造新供给，从而增强国民经济的整体活力。处于资金链断裂困扰中的众多企业都亟须供应链金融服务，巨大的需求催生了供应链金融的蓬勃发展，各类金融机构以及传统产业都在积极布局供应链金融，纷纷看好这一市场的前景。

《欧洲货币》杂志将供应链金融形容为近年来"银行交易性业务中最热门的话题"。一项调查显示，供应链融资是国际性银行2007年度流动资金贷款领域最重要的业务增长点。在肇始于次贷问题的金融危机中，供应链金融在西方银行业的信贷紧缩大背景下一枝独秀，高速增长的态势依然。

一般来说，一个特定商品的供应链从原材料采购，到制成中间及最终产品，最后由销售网络把产品送到消费者手中，将供应商、制造商、分销商、零售商、直到最终用户连成一个整体。在这个供应链中，竞争力较强、规模较大的核心企业因其强势地位，往往在交货、价格、账期等贸易条件方面对上下游配套企业要求苛刻，从而给这些企业造成了巨大的压力。而上下游配套企业恰恰大多是中小企业，难以从银行融资，结果最后造成资金链十分紧张，整个供应链出现失衡。"供应链金融"最大的特点就是在供应链中寻找出一个大的核心企业，以核心企业为出发点，为供应链提供金融支持。一方面，将资金有效注入处于相对弱势的上下游配套中小企业，解决中小企业融资难和供应链失衡的问题；另一方面，将银行信用融入上下游企业的购销行为，增强其商业信用，促进中小企业与核心企业建立长期战略协同关系,提升供应链的竞争能力。在"供应链金融"的融资模式下,处在供应链上的企业一旦获得银行的支持,资金这一"脐血"注入配套企业,也就等于进入了供应链,从而可以激活整个"链条"的运转;而且借助银行信用的支持,还为中小企业赢得了更多的商机。

对供应链金融的概念和内涵有所了解之后,我们有必要再展望一下供应链金融的发展前景,一个好的发展前景是对整个行业的信心和激励。预测到2020年,我国供应链金融的市场规模将接近15万亿元,存量市场空间惊艳(图2-2)。分析人士也指出,供应链金融已成为资本市场的最新风口,就开展供应链金融的收益而言,高周转行业(如零售、快消等)将受益明显。

图 2-2

资料来源:前瞻网、国信证券经纪研究所

人大商学院副院长宋华教授认为智慧型供应链金融是未来的趋势,他还进一步阐述了要实现智慧供应链金融需要实现的四个特征:产业带动性、创新外溢性、服务公共性、发展持续性。此外,宋华教授还指出近期可以期待的供应链金融发展有如下几个方面:第一是以互联网平台为基础的产业整合正在加剧,供应链金融的发展趋势在哪?就是产业整合,以互联为基础的产业整合;第二是产业供应链作为一种生态开始与金融生态结合;第三是金融科技成为推动智慧供应链金融的主导力量,但是这种科技是融合性的、协调性的金融科技,不是一个单一的技术;第四是防范风险成为供应链金融的核心能力;第五是协同专业化将成为智慧供应链金融的主题。

普华永道思略特咨询大中华区合伙人方方认为,产业互联网的浪潮为供应链金融开创新模式提供了更为广阔的空间,供应链金融开始走向智慧化4.0时代,业务模式趋向去中心、实时、定制、小额,产品则以数据质押为主,借助于物联网、人工智能、大数据等技术,实现供应链和营销链全程信息集成和共享,同时提升服务能力和效率。

事实上,继第三方支付、消费金融之后,供应链金融也吸引了多路资本竞逐。也有行业人士认为,供应链金融业务已经不是有没有前途的问题,而是当前必然的发展方向,非人力可以逆转。

前景是美好的,现状如何?正所谓前途是美好的,道路是曲折的。供应链金融的发展现状又有哪些忧和喜?

我们先来看看供应链金融的人才市场如何,因为任何行业的发展前提都是人力资本的发力。别看供应链金融已经发展了十多年,但是供应链金融的人才稀缺还是比较严重的,其根本原因是供应链金融的实际业务是极其复杂的。换言之,尽管供应链金融的范式只有几个,但B类客户是极其复杂的,导致供应链金融的知识框架体系也极其庞大,不是简单复制范式就能落地的。

供应链的核心是物流、信息流、资金流和商流。进出口领域的供应链金融涉及国际物流、国际贸易与结算、保税物流,国内范围的供应链金融也可为客户优化物流方案(包括干线、城配、多式联运、海陆空运、VMI等);信息流方面,涉及贷前尽调、贷后监控,涉及大数据、物联网、区块链、AI智能等技术的应用,涉及客户的物流数据、行为数据、交易数据、历史信用数据等众多维度的数据;资金流的前端主要涉及的是账户(监管账户、结算账户等)体系、付款与回款流程,后端则是由不同性质的资金方组合而成的结构化资金渠道(基金、信托、ABS、银行、P2P、小贷、保理、PPP等)。

某著名供应链公司高管曾总结过,供应链金融的负责人必须是供应链优化(注意:不是供应链金融优化)的大设计师;供应链金融高端业务人才是掌握贸易、物流、金融的复合型人才;供应链金融高端风控人才是懂法律、懂规则、懂行业的复合型人才;资金渠道的负责人必须是全面的金融(银行、基金、ABS……)复合型人才。

但就现状来看,我国的供应链金融人才大多来自企业,边实践边培养,高校的教育体系还远远无法满足企业需求。供应链领域第一个国家纲领性文件《国务院办公厅关于积极推进供应链创新与应用的指导意见》强调要"加快培养多层次供应链人才……设置供应链相关专业和课程,培养供应链专业人才……"人才有了,客户就会有;人才有了,资金就会有;人才有了,创新才会有;人才有了,未来才可持续。

我国供应链金融发展到目前为止,大抵可以概括为三个阶段:

供应链金融1.0阶段,俗称"1+N"模式(图2-3)。"1+N"模式是指商业银行围绕核心企业,以核心企业的信用作为支持,为核心企业的上下游企业提供融资服务。其中,"1"代表核心企业,"N"代表产业链上下游众多中小企业群体。这一概念最早是由原深圳发展银行(现平安银行)在2003年提出的。

由于长期的业务往来合作基础的建立,核心企业对上下游中小企业的实际经营及

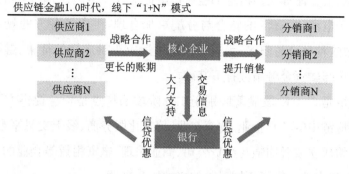

图 2-3

资信等情况比较了解。该模式的优势在于商业银行可以利用核心企业的风险把控,批量开发与之相关的上下游企业,从而依托核心企业对这些上下游企业提供资金融通、支付结算、财务管理等综合性金融服务。此模式以商业银行为主导,以核心企业为信用载体,主要通过保理、库存融资、应收账款管理等形式实现。

这一模式把核心企业和配套的上下游企业看作一个整体,利用核心企业的信用外溢,以真实的贸易为支撑,重塑传统的信用评价体系,使得商业银行能够挖掘在传统信用体系下无法开发的中小型企业客户。

这一模式的局限性在于,由于整体流程是基于线下的传统模式,效率比较低;且银行出于风控的考虑做的规模也不大,扩张的规模受到限制;最后,这一模式没有实现供应链金融所要求的信息流共享,以及物流、资金流与商流的对接。

供应链金融2.0阶段,即"1+N"模式的线上版本(图2-4)。由平安银行于2012年12月提出,其将传统的线下供应链金融搬到了线上,让核心企业"1"的数据和银行完成对接,从而让银行随时能获取核心企业和产业链上下游企业的仓储、付款等各种真实的经营信息。线上供应链金融能够高效率地完成多方在线协同,提高作业效率。但其核心仍然是以银行融资为核心,资金往来被默认摆在首位。

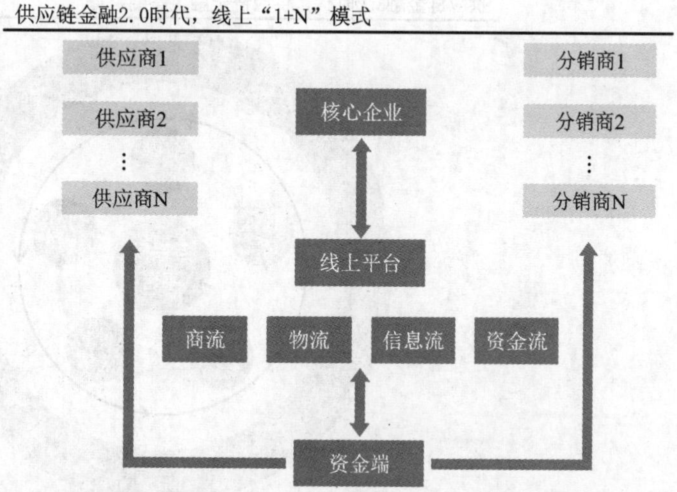

在这一阶段,供应链利益链条与1.0时代并没有本质上的区别,然而供应链

图 2-4

中的商流、物流、资金流等众多信息都能通过虚拟平台来传递、归集和整合,交易、融资、结算及支付趋于电商化,资源的整合与分配更加合理,供应链各方的效率得到迅速提高。同时,通过这种整合与归集,为进一步提供适应于供应链的征集、融资、结算、理财等风险管理手段与融资金融服务打下基础。

值得注意的是,2.0阶段显著区别于1.0阶段的特点是资金提供方不再是银行为绝对主体。供应链中的核心企业、物流企业、信息化服务商、线上交易平台、互联网金融平台等开始纷纷成立或者加强与小贷公司、商业保理、融资租赁等企业的合作参与到供应链金融中来,极大地丰富了不同风险偏好的资金来源。

然而,在此阶段供应链上的物流、商流、资金流等信息数据只是初步实现了归集和整合;核心贸易数据各自掌握在核心企业、仓储物流企业或电商交易平台等各方手中,很难形成一个立体综合的大数据风险评估系统平台,对供应链中的中小企业信用风险等难以做到精准的评估。

供应链金融3.0阶段。随着国家政策的变化和互联网对产业链的渗透,以及银行等金融机构自身的定位转变,3.0时期颠覆了过往以供应链核心企业为纽带的"1+N"间接融资模式,逐步变为"M+1+N"模式,轻量化的互联网平台在其中起到了关键作用(图2-5)。平台通过整合供应链环节的所有参与方,为其提供多维度的配套金融服务,供应链各参与方的订单、运单、收单、融资、仓储物流等交易行为都进行线上化处理,平台做好过程管控成了供应链金融3.0的关键。供应链金融3.0通过平台链接的商业生态,基于云计算和大数据创建的金融生态体系,使得金融能真正服务于整个供应链的各类主体并推动商业生态的发展。在这个系统中,核心企业起到了增信的作用,使得各种交易数据更加可信。

供应链金融3.0时代,供应链金融生态圈

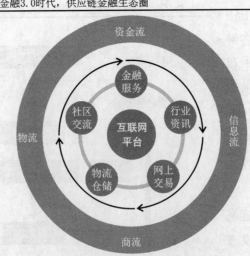

图2-5

3.0阶段作为供应链金融的"将来式",不仅仅是产业供应链与金融的结合,更是"互联网+产业链+金融"三个要素的高度融合,搭建一个依托三大产业的跨地域、跨行业、跨平台、跨资金来源的金融生态圈。

在该阶段,更多的运用场景得到构建,更多的底层数据能被收集,以此为基础构建的大数据与征信系统综合运作,实现供应链金融对产业的全面渗透,从而真正实现中小企业和不同风险偏好资金的无缝对接,实现资金的高效周转,同时提高供应链的运营效率。

2.3 直面供应链上中小企业融资难题

回到本章开篇的小故事,卖了个关子,并没有好好解释。其实这个故事套用到供应链金融中,很好理解。我们都知道在日常的商业过程中,出于扩大账期、拖延欠款、缓解财务上的压力等的考虑,核心企业存在推迟对供应商付款或加快向分销商转移库存的行为。这么做的最终结果是,形成对整个上下游的资金挤压,企业生产销售等环节的效率降低,就像小故事里的小镇那样大家都互相欠钱。而供应链金融的产品项目,就充当了故事里的"外地人",把资金归集起来投入到供应链中,缓解供应链中企业的资金荒,让整个供应链持续、高效地运转起来。

现实中,赊账销售已经成为中国企业非常广泛的支付方式。从数据上来看,根据Coface《2018中国企业信用风险状况调查报告》显示,在2011—2015年,赊销比例一直在90%左右,2016—2017年随着经济的好转,这一比例有所回落,但2017年仍然接近70%,平均赊销天数增加到76天,其中有19%的企业平均赊销天数在120天及以上(图2-6,2-7)。

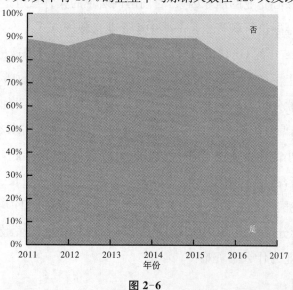

图 2-6

资料来源:Coface《2018中国企业信用风险状况调查报告》,海通证券研究所

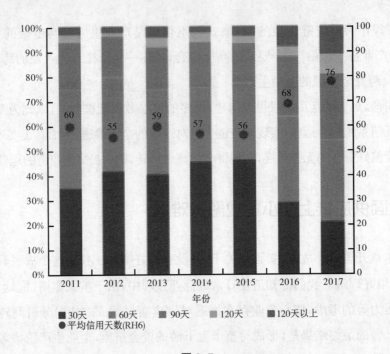

图 2-7

资料来源：Coface《2018 中国企业信用风险状况调查报告》，海通证券研究所

处于弱势的中上游供应商，为加快资金周转，往往将应收账款（或其他应收债权）进行质押，或是通过保理业务来融入资金，以支持赊销交易下自身企业的正常运转。但是，这种传统的供应链融资模式有着很多的不足，对于中上游供应商而言，受制于信用水平的不足，进行直接融资的难度很大，即便是能够融到资，获得的额度也较少，且成本较高。

事实上，除了核心企业的压账因素，目前国内宏观的大背景也造成了中小企业融资困难，利用供应链金融进行融资也是一些中小企业自救的方式。在宏观方面，首先我国经济增速下滑，2018 年的 GDP 增速只有 6.6%。伴随着经济增速的下滑，企业产能过剩现象严重，导致上下游企业账期过长，赊欠严重。其次，目前政策聚焦于去杠杆的宏观目标，导致企业原先可以采用非标表外进行融资的渠道受阻，再加上主流金融机构在经济下行期间更加偏好于向大企业投放贷款，中小企业的融资需求难以得到满足。

根据《中国中小商业企业协会》的数据显示，截至 2016 年年底，中国的中小企业数量超过了四千万家，占据了中国企业总数 99.7%，在促进经济增长、解决就业等方面发挥了突出作用。我国经济增长离不开中小企业的发展，然而，目前在中国 90% 的中小企业的生存空间十分艰难。其中中小企业所普遍面临的融资困境最为人们所诟病。

那么，中小企业为什么融资难？

常见的理由有：

① 银行门槛高；

② 企业没有银行认同的可供抵押物；
③ 企业内部管理机制风险；
④ 企业没有完整的财务报表；
……

企业在向银行提出融资申请后，银行依靠自有的标准模式来对企业进行融资评估，看它是否具有偿还能力。例如，有些中小企业虽然基于真实的交易背景具有偿还能力，可是并没能从账面财务信息表达，特别是当这些企业没有有效的、可供抵押的固定价值资产时，银行因不能有效甄别企业信息而拒绝给企业融资。

企业与银行之间客观上就存在这样的矛盾，融资当然就难了。不过，这就给了供应链金融创新与发展的机会。

由于中国的实体制造业中小企业经营规模较小，财务不透明，发行债券或首次公开募股（IPO）门槛较高，实体制造业中小企业无法进入股市和债市进行直接融资，而目前中国的产业基金和风险投资还处于初步阶段，且其投资对象主要是有高估值前景的高科技类中小企业，因此，现阶段中国实体制造业中小企业基本上是依靠商业银行、小贷公司、P2P平台等机构进行间接融资。但是，中国的商业银行普遍存在大客户偏好，而对于中小企业则严重惜贷，另外，中小企业存在信息不对称、信誉度较低、道德风险高等问题，使得商业银行的贷款利率会上浮到20%~30%，故其融资成本要比大型企业高出几倍。

在当前经济形势下行的大背景下，实体制造业中小企业的资金受到行业挤占，企业现金流承压日益严重，生存状况堪忧。根据《科法斯中国企业信用风险报告2016》显示，近年来，我国实体制造业赊销企业的平均逾期天数同比增速较快，有86%的受访企业称在实际业务中采取赊销行为，而且逾期和欠款是主要风险；80%的受访企业遭遇过逾期付款，逾期金额也有所上升，逾期付款增多的主要原因是竞争加剧和融资来源匮乏。中国实体制造业中小企业的融资需求普遍具有频率高、资金量小、周期短、随机性大等特点，急需新的融资模式来解决制造业中小企业融资难、融资贵问题。

我们都知道，21世纪的竞争是供应链与供应链之间的竞争，一个大的企业要想持续运营，必然要对供应链上的企业进行精细化管理，与制造业上下游中小企业进行物流、资金流、信息流的协调。中国正处于实体经济转型和增速换挡期，供应链金融成为整个制造业产业链升级的战略突破口，最简单的供应链金融模式是由核心企业自身提供，向供应商提前付款、对分销商增加赊销等。实际上，核心企业可以在供应链资金流规划过程中充当协调者，为制造业上下游企业调节业务活动的资金分布；也可以作为资金提供者，为制造业上下游中小企业提供融资服务。这满足了核心企业产业生态转型升级的需要，通过金融服务变现其长期积累的信用和专业资源。

当前，我国制造业中小企业处于经济增长低谷期，融资困难，要想扩大再生产，要么通过内生式积累,要么借助民间借贷。传统银行借贷的融资成本在6%～8%,也是制造业中小企业最佳的融资途径,但从收益风险比来看,银行更愿意融资给大型企业,不愿承担过多风险。民间借贷的平均利率在27%左右,较高的融资成本挤压了制造业中小企业的生存空间,故8%～20%的融资服务区间空白,是金融服务的结构性缺失,也是社会资本对实体制造业中小企业所要求的不合理的过高风险补偿。面临多层次金融服务缺失的现状,实体制造业中小企业稳定经营受到很大影响,所以针对制造业中小企业的金融服务还有很大一片待开发的蓝海市场,新的金融技术应用如供应链金融都有可能开启实体制造业重新崛起的大门。

中小企业融资面临内忧外患,然而,政府并没有坐视不管。自党的十九大以来,在党和中央政府的领导下,陆续出台了一系列支持供应链和供应链金融的政策和措施。从宏观角度看,发展供应链金融可引导资金更好地服务实体经济,缓解中小企业融资难问题。

中央出台的各项金融政策一直要求优化结构,完善金融市场、金融产品体系,引导产融结合与协调发展,促进融资便利化,降低实体经济成本,提高资源配置效率。中小微企业由于缺乏银行认可的抵押物,且无法利用各类直接融资产品,如何解决中小微企业融资难、融资贵的问题,一直是各类监管政策关注所在。

其中,近两年来,全国人大、国务院、央行及银监会等各部门出台了一系列文件,支持中小微企业利用应收账款融资。2016年10月,国务院发布《关于积极稳妥降低企业杠杆率的意见》,在盘活存量的背景要求下,明确鼓励企业开展应收账款资产证券化融资业务。2017年5月,央行、国资委、银监会等七部门联合印发《小微企业应收账款融资专项行动工作方案(2017—2019年)》,再次明确鼓励大力发展小微企业应收账款融资,以缓解小微企业融资难、融资贵的压力,同时达到降成本、补短板的目标。2017年9月,全国人大修改后的《中华人民共和国中小企业促进法》以法律形式规定:国家鼓励中小企业及付款方通过应收账款融资服务平台确认债权债务关系,提高融资效率,降低融资成本。

雨不会一直下,阴天也会晴。最要紧的是当天晴的时候,你的企业还在!"活下去"是经济下行时所有中小企业首要关注的目标。机会只给准备好的人,作为供应链上的中小企业,一定要提升自己产品或服务的竞争力,在核心企业的同类上下游企业中占据更大的份额,同时,规范经营,珍惜信用,如此这般,一旦供应链金融上线,最先获得融资救济的一定非你莫属。

2.4 供应链金融让供应链成为共赢链

供应链金融通过银行围绕核心企业,管理上下游中小企业的资金流和物流,并把单个企业的不可控风险转变为供应链企业整体的可控风险,将风险控制在最低的金融服务。相比传统的融资模式,供应链金融在中小企业融资方面具有独特优势(图2-8)。

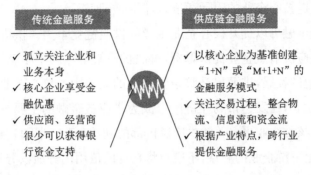

图 2-8

第一是降低融资风险。在传统的工业领域,由于产业链较长,产业链上的中小企业通常会以赊账销售形式达成交易,因此造成企业资金紧张,风险增大,而作为中小企业融资难度较大,因而导致整条产业链运行不佳。供应链金融是在整条产业链当中选取一个核心企业,以此作为信用担保,来为上下游中小企业提供融资服务。因为融资中不仅有核心企业作为担保还有实际的交易行为作为抵押,在融资方面,供应链金融会大幅度降低中小企业的融资风险,激活融资市场。

第二是降低融资成本。传统中小企业融资大部分通过银行间接融资。通过供应链金融和互联网相结合,进行直接融资,一方面破解融资信息不对称难题,另一方面把投资人和中小企业通过产业链直接链接起来,盘活资金量,让中小企业摆脱银行贷款的限制,以较低的成本获得融资资金。

第三是提高融资效率。供应链上的中小企业处于从属地位,经常会遭遇资金短缺的现象,一是长期以来供应链形成的押货押款的行业规则,二是资金常用于供应核心企业产品。所以中小企业常需要融资来缓解经营压力,而且这里的融资需要的时效性较高,一般最长时间会持续半年左右,而融资需要资金则时间要求较短。供应链金融可以提高企业信用等级,把供应链全局的资金盘活,大幅度提高资金的使用效率,提高企业的融资效率。

以上我们只是谈到供应链金融对供应链上下游的中小企业的好处,其实不仅如此,供应链金融还可以提升核心企业竞争力。

在经济全球化背景下,企业的竞争根本上是供应链的竞争。供应链是引领全球化、提升竞争力的重要载体,推进供应链全球布局,加强与伙伴国家和地区之间的合作共赢,有利于我国企业更深更广地融入全球供给体系,推动"一带一路"倡议落地,打造全球利益共同体和命运共同体。建立基于供应链的全球贸易新规则,有利于提高我国在全球经济治理中的话语权,保障我国资源能源安全和产业安全。供应链金融有利于释放核心企业的信用优势,促进供应链各个节点企业的发展,改善供应链的竞争力和稳定性,进而提升供应链核心企业的国际竞争力,保障产业安全。

首先,供应链金融可以提升核心企业主导的供应链竞争力。供应链金融依托供应链核心企业,为供应链节点企业提供融资,解决供应链节点的中小企业融资难问题,促进供应链节点企业的发展,进而提升整条供应链的竞争力。核心企业作为供应链竞争力提升的最大受益者,在发达市场经济国家成为供应链金融的主要推动者。国内企业在供应链关系上,核心企业更多关注供应链内部的利益分配,利用自身优势在账期和价格上挤压供应链上下游企业的利益,不愿意将自身的信用优势加以分享,因而影响了供应链内部生态的完善,限制了对外竞争能力的提升,造成中国供应链金融主要靠中小企业推动的艰难局面。伴随着开放经济带来的冲击和企业对供应链认识的加深,中国的供应链核心企业逐步认识到供应链外部竞争的重要性,更加注重供应链内部生态的平衡。以核心企业驱动的供应链融资模式和产融结合的供应链金融模式也开始发力,未来有望成为供应链金融市场的主流。

其次,供应链金融可以改善核心企业的财务管理能力,提高核心企业的营运水平。对核心企业与上游供应商关系来说,供应链金融在不改变账期前提下加速上游供应商回款,变相提高了核心企业的现金营运能力;对核心企业与下游销售商关系来说,供应链金融在不改变账期前提下加速核心企业回款,提高了资金营运效率。对核心企业自身来说,供应链金融赋予了核心企业在账期和价格上更加灵活的调控能力,也更好地平衡核心企业和供应链节点企业的资金关系,成为核心企业对供应商和销售商进行管理的重要工具,应收账款融资和保兑仓等重要的供应链金融模式,获得了供应链核心企业的更多支持。

再次,供应链金融可以增强核心企业对供应企业和分销企业的控制力,提高供应链的稳定性,削弱外部冲击的影响,保障供应链的安全。在全球产业竞争环境下,供应链脆弱性的不利影响日益显现,自然灾害、贸易摩擦、国家竞争都会冲击企业的供应链,甚至限制一个企业的生存发展。因此,提高供应链的稳定性日益成为核心企业关注的重点。供应链金融可以发挥核心企业的信用优势,强化与供应链关键企业的合作关系,拓展供应链渠道和模式,提高供应链的稳定性。

在全球化竞争和产业安全的背景下,中国的企业,尤其是供应链上的核心企业已逐步认识到供应链金融的价值,并开始逐步改变在分享优势解决中小企业融资过程中的消极态度。这也成为推动供应链金融发展的动力。基于供应链竞争力提升的目标,在数字技术支撑下,供应链金融形成并完善了核心企业导向模式,促进了核心企业的发展和产业安全。

结合整个供应链上的企业,我们可以把供应链金融的作用总结为一句话,那就是——让供应链成为共赢链。

第3章 供应链金融的主要交易模式

3.1 预付款融资

3.2 存货融资

3.3 应收账款融资

3.4 互联网+供应链金融信用贷

3.5 供应链金融 ABS

  供应链金融是服务供应链上下游中小企业的,根据中小企业在供应链上所处的位置不同,自然交易模式也会不同。一般来说,中小企业的现金流缺口经常会发生在采购、经营和销售三个阶段。在采购阶段,一方面具有较强实力的供应商往往会利用自身的强势地位要挟下游购买商尽快付款,另一方面供应商的商品价格波动也会给下游企业采购带来巨大资金缺口。在日常运营阶段,中小企业因为库存、销售波动等原因积压大量存货,占用大量流动资金,给企业造成资金周转困难。在销售阶段,如果面对的是具有较强实力的购货方,那么货款收回期较长,也给企业带来流动资金短缺的风险。与这个过程相对应,供应链金融的切入点分三个阶段,即采购阶段的预付款融资,生产阶段的存货融资,以及销售阶段的应收账款融资。当然,供应链金融不仅仅只有这三种模式,随着第三方服务平台的介入,基于供应链交易产生的大数据而产生的供应链信用贷,亦属一种模式。本章就针对这四种常见的交易模式展开论述。

3.1 预付款融资

预付款融资模式是指在上游核心企业承诺回购的前提下,中小企业以金融机构指定仓库的既定仓单向银行等金融机构申请质押贷款来缓解预付货款的压力,同时由金融机构控制其提货权的融资业务。

预付款融资的担保基础是预付款项下客户对供应商的提货权,或提货权实现后通过发货、运输等环节形成的在途存货或库存存货。当货物到达后,融资企业可以向银行申请将到达货物进一步转化为存货融资,从而实现融资的"无缝链接"。

一、预付款融资的方式

1. 先票/款后货授信

先票/款后货是存货融资进一步发展而来的,它是指客户(买方)从银行取得授信,在交纳一定比例保证金的前提下,向卖方预付全额货款;卖方按照购销合同以及合作协议书的约定发运货物,货物到达后设定抵质押作为银行授信的担保。先票/款后货授信具体流程如图 3-1 所示:

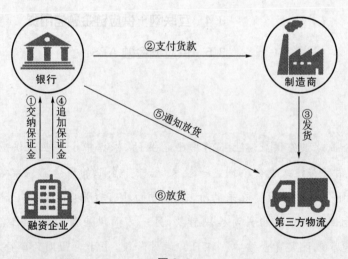

图 3-1

对客户而言,由于授信时间不仅覆盖了上游的排产周期和在途时间,而且到货后可以转为库存融资,因此对客户流动资金需求压力的缓解作用要高于存货融资。此外,因为是在银行资金支持下进行的大批量采购,所以客户可以从卖方那里争取到较高的商业折扣,进而提前锁定商品采购价格,防止涨价风险。

对银行而言,可以利用贸易链条的延伸,进一步开发上游企业业务资源。此外,通过争取订立卖方对其销售货物的回购或调剂销售条款,有利于化解客户违约情况下的变现风险。由于货物直接从卖方发给客户,因此货物的权属要比存货融资模式更为直观和清晰。

2. 担保提货(保兑仓)授信

担保提货(保兑仓)授信是先票/款后货授信的变种,即是在客户(买方)交纳一定比例保证金的前提下,银行贷出全额货款供客户向核心企业(卖方)采购用于授信的抵质押物。随后,客户分次向银行提交提货保证金,银行再分次通知卖方向客户发货。卖方就发货不足部分的价值向银行承担退款责任。担保提货(保兑仓)授信具体流程如图 3-2 所示:

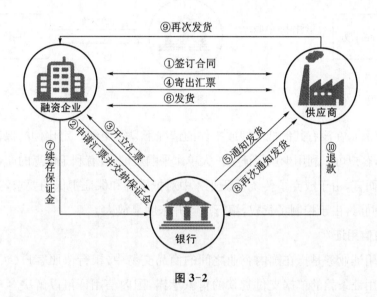

图 3-2

对客户而言,大批量的采购可以获得价格优惠,"淡季打款、旺季销售"模式有利于锁定价格风险。此外,由于货物直接由上游监管,省去了监管费用的支出。

对卖方而言,可以获得大笔预收款,缓解流动资金压力,同时锁定未来销售可以增强销售的确定性。

对银行而言,将卖方和物流监管合二为一。在简化了风险控制维度的同时,引入卖方发货不足的退款责任,实际上直接解决了抵质押物的变现问题。此外,这种模式中的核心企业的介入较深,有利于银行对核心企业自身资源的直接开发。

3. 进口信用证项下未来货权质押授信

进口信用证项下未来货权质押授信是指进口商(客户)根据授信审批规定交纳一定比例的保证金后,银行为进口商开出信用证,并通过控制信用证项下单据所代表的货权来控制还款来源的一种授信方式。

货物到港后可以转换为存货抵质押授信,这个模式特别适用于进口大宗商品的企业、购销渠道稳定的专业进口外贸公司,以及扩大财务杠杆效应、降低担保抵押成本的进口企业。进口信用证项下未来货权质押授信具体流程如图 3-3 所示:

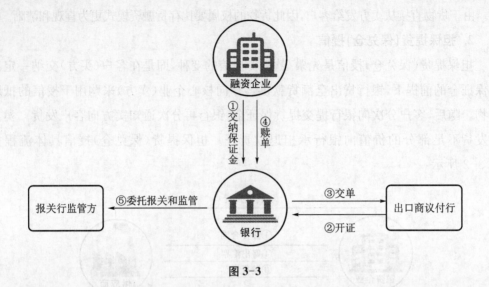

图 3-3

对客户而言,在没有其他抵质押或担保的情况下只需交纳一定比例的保证金即可对外开证采购,客户可以利用少量保证金扩大单次采购规模,且有利于优惠的商业折扣。

对银行而言,由于放弃了传统开证业务中对抵质押和保证担保的要求,扩大了客户开发半径。同时,由于控制了货权,银行风险并未明显放大。

4. 国内信用证

国内信用证业务是指在国内企业之间的商品交易中,银行依照客户(买方)的申请开出符合信用证条款的单据支付货款的付款承诺,国内信用证可以解决客户与陌生交易者之间的信用风险问题。国内信用证业务具体流程如图 3-4 所示:

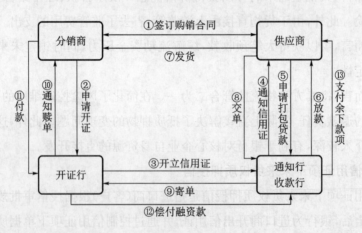

图 3-4

它以银行信用弥补了商业信用的不足,规避了传统人民币结算业务中的诸多风险。同时,信用证也没有签发银行承兑汇票时所设的金额限制,使交易更具弹性,手续更简便。

对客户而言,还可以利用在开证银行的授信额度,来开立延期付款信用,提取货物,用销售收入来支付国内信用证款项,不占用自有资金,从而优化资金的使用效率。

对卖方而言,卖方按照规定发货后,其应收账款就具备了银行信用的保障,能够杜绝拖欠及坏账。

对银行而言,国内信用证相比于先票/款后货授信和担保提货授信,规避了卖方的信用风险,对货权的控制更为有效。银行还能够获得信用证相关的中间业务收入。

5. 附保贴函的商业承兑汇票

附保贴函的商业承兑汇票实际上是一种授信的使用方式,但是在实践中,由于票据当事人在法律上存在的票据责任,构成了贸易结算双方简约而有效的连带担保关系,因此可以作为独立的融资形态存在。附保贴函的商业承兑汇票具体操作流程如图3-5所示:

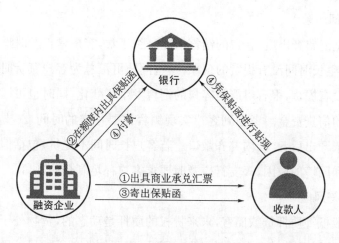

图 3-5

对交易双方而言,这个模式的融资成本较低,因为免除了手续费的同时,贴现利率也低于贷款。由于银行保贴函的存在,对出票方形成了信用增级。而且不用签署担保合同等其他文件,使用简便。

对银行而言,一方面可以控制资金流向,另一方面票据责任形成了隐形连带担保,从而降低了操作风险和操作成本。

二、预付款融资的风险

我们知道,做金融最要紧的是风控,预付款融资模式风险如何呢?由于在预付账款的贸易融资模式中,企业信贷门槛低、担保方式灵活,企业能得到实惠,对商业银行促进中小企业信贷也很有益处;但是,在实际操作中,此种融资模式却给商业银行带来不小的信贷风险。那么预付款贸易融资业务都有哪些风险?

1. 保证金风险

客户向业务行发出提货申请时,是否及时存入了需追加的足额保证金?对此,在客户发出提货申请后,业务行需及时查询客户的存款账户以查明资金是否到账。只有在先将客户的资金从结算账户转入到保证金账户之后才可办理相关提货手续,否则就会发生货物发货、敞口没有相应的货物对应,从而导致风险发生。

2. 货物风险

由于业务行不参与企业实际的物流过程,所以对货物而言其实存在较大的风险。以某银行A支行为例,这一风险主要体现在马钢是否将企业每个月的订货全部发货,监管公司是否收到全部货物,是否将全部货物的所有权人标注为A支行,是否存在货物未入库就被企业在没有追加保证金的情况下提走。因此,A支行需要定期关注马钢商务平台上的发货数据,将在商务平台上获取的数据和监管公司的监管确认书的数据进行比对,以确保马钢发出的货物全部收到并归A支行所有。

3. 赎货时间风险

在银行承兑汇票开出后,客户的销售情况是否正常,客户是否及时地将仓库中的货物提取,是否发生长时间没有提货的现象,这些问题可汇总为客户赎货时间风险。客户超过一定期间没有提货,很有可能是客户的销售发生了变化,同时也可以说客户长期地占用了业务行的信贷资金。考虑到客户实现销售需要一定的时间,A支行要求客户应在银行承兑汇票开出后50天内补齐敞口。若客户长时间不提货,包括但不限于客户发生了销售下滑和困境的原因,A支行应及时要求客户补足剩余的敞口。

4. 账实相符风险

相对于一般抵押质押贷款而言,未来货权的质押是动态的,货物处于不断的变动之中,因而业务行的风险敞口也在不断变化。因此,需要使业务行的风险敞口和企业的货物形成动态的对应关系,避免业务行的风险敞口在没有货物的情况下发生。

5. 监管公司信用风险

基于预付账款的贸易融资业务,某银行A支行引入了第三方机构——监管公司,监管公司严格有效的监管是业务行资产安全的保障。然而由于监管公司的监管现场位于异地客户所在的城市,客观而言,监管公司存在为减少自身运营成本而不按照业务行要求进行操作的风险以及和受信客户串通的风险。因此,某银行A支行在甄选合格监管公司的基础上,不定期前往监管现场进行核库,通过核对企业的实际库存和监管公司的台账以确保监管公司没有发生有损银行资产安全的行为。

三、防范预付款融资风险的措施

通过以上风险分析,结合实践经验,我们总结出以下一些风险防范措施供银行参考。

1. 现金流封闭运作和交易对手付款短周期风险控制

预付账款类贸易融资业务强调贸易背景的真实性和贸易的连续性;强调贸易对手

的规模、信用、实力;强调客户的违约动机和违约的可能性并提示违约成本;强调封闭运作(资金票据不直接给客户,由银行直接付给交易对手,并直接从交易对手处控制贸易单据)和货款的自偿性;强调合同与单据的控制。

在实践中一是要选择资源性的优质企业,企业生产的产品在同类产品市场中具有较大的市场份额和市场竞争力,且具有良好信用的企业为上游厂商;二是应该核实全套合同、单据,以及上游厂商的情况,确保交易背景的真实性和时效性;三是通过封闭操作,将授信直接按贸易链条付给上游厂商,密切跟踪企业的实际经营情况和贸易流程,确保贸易流程按照计划进行;四是利用某些金融产品组合暗含的连带责任和追索权力,有利于商业银行向上游企业直接进行追索,比如商票、商票保贴、应收账款转让等。

2. 注重质押物选择

建立一套从质押物的品质选择、仓储保管到价格分析的质押权管理机制,控制质押物变现风险。选择以基础原材料、基础战略物资、大宗商品为初级品和重要中间品或市场需求大的终端消费品为主的、属性稳定、保管条件要求不高、流动性较强、商品公开报价可利用期货或场外市场套期保值或者有成熟规范交易市场变现的商品作为抵押物。在购销合同中约定商品的具体品质要求,对不同的质押物选择不同的仓库进行专业保管,购买商业保险,以降低抵押物品质变化风险等。在条件成熟的情况下,建立关于质押物的相关风险考核函数,设定一定的风险率,利用风险率在合同中规定银行应承担的责任,以降低银行的信贷风险。

3. 贯彻会计审慎性原则和质押物价格跟踪机制

选择市场价格透明度较高的质押物,与借款企业约定价格跌价补偿机制,当质押物价格下跌幅度超过约定的范围时,借款企业需要在约定的时间内补充保证金,并将质押物质押给银行时的生产日期控制在半年内,最长不超过一年;制作价格走势图、价格变动模型及数据模型,设定价格变动风险率,通过跟踪市场上实际的价格变化来判断质押物价值的变动情况,尽量将价格变动范围纳入借款企业需偿还的资金额度。当质押物市场价格较出质价格或者最近一次调整的价格跌幅超过5%时,应予以高度关注,一旦价格波动幅度超过10%,银行应立即要求借款企业无条件补充保证金,以弥补跌价带来的质押物价值下跌部分。此外,还需要密切做好预警预报工作,关注变现质押物的市场供求关系、购销渠道、替代品变动情况等,及时了解其最新的变现能力,及时采取相应措施减少商业银行损失。

4. 完善操作流程,加强内部风险控制

第一,完善管理流程,加强风险管理的内部控制机制建设。商业银行内部需要完善管理流程,尽量做到按照业务线条对预付款类贸易融资业务进行集中管理,并使预付账款贸易融资业务的各个操作环节能够相对独立。建议具体经办人员负责贸易背景真实性的把握,建立专门的质押物监管、监管方准入和监管岗位,负责监管货物的及时到达情况及通过监管方对质押物进行管理,将监管方的准入门槛管理和日常的监管单独进行,以利于对银行内部操作人员和监管方业务管理的约束,使各项操作严格按规定进行。

第二,完善内部稽核监督体系。建立独立和完善的内部稽核监督体系,使其独立于业务之外进行运作,这将大大降低银行操作风险和道德风险的发生。同时,应要求借款企业的实际控制人,尤其是民营企业的实际控制人对借款企业在银行的授信提供个人无限责任担保,这样做有利于约束企业的经营行为,降低道德风险的发生概率,并为授信增加相应的还款来源。

5. 注重综合防范,全面封堵风险点

第一,把握借款主体准入标准,确保其具有较高的组织交易能力和自我清偿债务能力。由于预付账款类贸易融资业务强调对物流和资金流的控制,故应选择企业成立至少1年以上,有相关的从业记录,具有相对稳定的上下游渠道,具有一定的销售规模;公司实际控制人或管理团队关键人员有直接或间接从事该专业5年以上的工作经历,管理层稳定,无逃税、漏税记录,银行信用记录无异常;在贸易链中不存在明显对价不等的关联交易,或不存在虚拟交易借以虚增收入的企业为借款主体。

第二,加强对监管方的准入和监管,确保银行实现对贸易项下货物的转移占有。为保证监管方具有相应的监管能力,监管方应具备以下条件:成立满1年以上(成立时间至授信日期满12个月)或注册资金满500万元以上;有合法的仓储经营资格或货物保管资格,具有相应的货物监管经验,组织架构清晰,内部管理完善;与银行、企业未发生过质押物监管纠纷或其他道德风险,具备一定的违约责任赔偿能力;运输及交通条件便利,与借款人无股权上和投资上关联的企业。银行需定期和不定期对监管方监管的货物进行巡查,保证银行实现对贸易项下货物的转移占有。

3.2 存货融资

存货融资模式主要应用在企业的经营过程中。通常情况下企业都是先付资金、购入存货,再售出产成品、收回资金,由此构成一个经营循环。但是在这个经营循环中企业的资产会以多种非现金形式存在,占用企业资金,给企业资金周转带来压力。通过企业的存货融资,可以增加企业的资金流动性,提高企业资金利用效率。存货融资主要包括以下几种类型:

1. 静态抵质押授信

静态抵质押授信是指客户以自有或第三方合法拥有的动产为抵质押的授信业务。静态抵质押授信是货押业务中对客户要求较严苛的一种,更多地适用于贸易型客户。

利用该产品,客户得以将原本积压在存货上的资金盘活,扩大经营规模。同时,该产品的保证金派生效应最为明显,因为只允许保证金赎货,不允许以货易货,故赎货后所释放的授信敞口可被重新使用。其具体业务流程如图 3-6 所示:

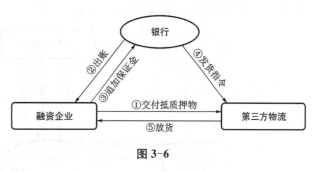

图 3-6

2. 动态抵质押授信

动态抵质押授信是静态抵质押授信的延伸产品。银行对于客户抵质押的商品价值设定最低限额,允许在限额以上的商品出库,客户可以以货易货。这个模式适用于库存稳定、货物品类较为一致、抵质押物的价值核定较为容易的客户。其具体业务流程如图 3-7 所示:

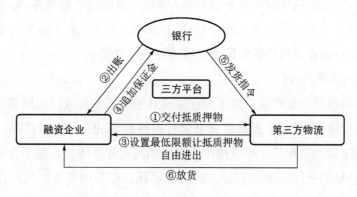

图 3-7

同时,对于一些客户的存货进出频繁,难以采用静态抵质押授信的情况,也可运用该产品。对客户而言,由于可以以货易货,因此抵质押设定对于生产经营活动的影响相对较少。特别对库存稳定的客户而言,在合理设定抵质押价值底线的前提下,授信期间几乎无须启动追加保证金赎货的流程,因此对盘活存货的作用非常明显。对银行而言,该产品的保证金效应相对小于静态抵质押授信,但是操作成本明显小于后者,因为以货易货的操作可以授权第三方物流企业进行。

3. 仓单质押授信

仓单质押可以分为标准仓单质押授信和普通仓单质押授信,其区别在于质押物是否为期货交割仓单。

(1) 标准仓单质押

标准仓单质押授信是指客户以自有或第三方合法拥有的标准仓单为质押的授信业务。标准仓单是指符合交易所统一要求的,由指定交割仓库在完成入库商品验收、确认合格后,签发给货主用于提取商品的,并经交易所注册生效的标准化提

货凭证。其具体业务流程如图 3-8 所示:

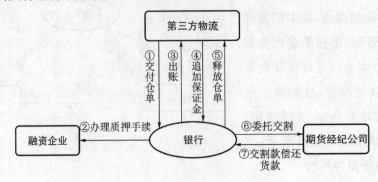

图 3-8

标准仓单质押适用于通过期货交易市场进行采购或销售的客户以及通过期货交易市场套期保值、规避经营风险的客户。对客户而言,相比动产抵质押,标准仓单质押手续简便、成本较低。对银行而言,成本和风险都较低。此外,由于标准仓单的流动性很强,也有利于银行在客户违约的情况下对质押物进行处置。

(2) 普通仓单质押授信

普通仓单质押授信是指客户提供有仓库或其他第三方物流公司提供的非期货交割用仓单作为质押物,并对仓单做出质背书银行提供融资的一种银行产品。普通仓单质押应建立区别于动产质押的仓单质押操作流程和风险管理体系。鉴于仓单的有价值证券性质,出具仓单的仓库或第三方物流公司需要具有很高的资质。其具体业务流程如图 3-9 所示:

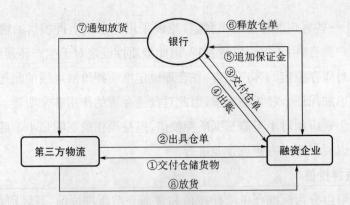

图 3-9 普通仓单质押业务流程

存货融资对于许多无法提供不动产抵押或第三方担保的中小企业,只要拥有资金方认定的可进行抵质押的货物(比如钢材、煤炭),并交付给资金方指定的仓储监管公司监管,就可以从资金方获得融资,从而将原本积压在存货上的资金盘活,并且有利于扩大经营规模;同时这项业务不转移货物所有权,不影响正常经营周转;而且企业可以根据经营需要分批赎货,无须一次性筹集大笔的赎货资金。但是,存货融资也存在一定的风险。

存货融资的风险管理逻辑既包括一般金融风险管理的逻辑,还因为其特性,具有一套特定的风险管理逻辑。存货融资的风险管理逻辑可以概括为九个字:"看得清、管得住、卖得掉"。存货融资的关键在于商品,风险管理基本是围绕商品展开的。

"看得清"是指对用于融资的商品要做到心中有数,即充分掌握商品的基本信息,主要包括名称、规格、价格、数量、质量、储存条件、外观特征、性状及与类似货品的主要区别和区别方法等。为什么要"看得清"呢?主要是为了能够在商品评估阶段及时发现以次充好、以假乱真的情况,能够在签约前就一定程度上杜绝欺诈的发生。

"管得住"是指自签约洽谈阶段起就能够有效地掌控货物的实时状态,对货物实施有效监管,并在签约后对货物享有绝对控制权。在签订贷款协议之后,货物一般存放在第三方仓储机构,而此时金融机构需要做的是与可靠的第三方机构合作,共同对货物进行监管,实时掌控货物在库的情况、出入库的情况及何时何人接触货物等情况。并且金融机构此时应该牢记一点,货主不再是货物的实际控制人,在还款之前应该将货主与货物进行最大程度的隔离,这也是避免货物被调包或发生偷盗、短缺、失踪及隔离货主与货物风险的最有效手段,同时也能避免一货多贷的情况发生。很多金融机构认为签订借款合同取得货物控制权就万事大吉了,其实这才是刚刚开始。即使拥有了控制权,如果监管不得当,货物依然可能出现问题。

"卖得掉"是指在出现违约时,金融机构能以最快的速度处置货物,最大限度地避免或减少损失发生。当然"卖得掉"是以"看得清、管得住"为前提,同时"卖得掉"也要求金融机构对市场有充分的了解,能够大致了解当前市场的供需现状、价格波动情况及销售渠道。很多金融机构在面临违约时虽然知道能够通过处置货物避免或者降低损失发生,但是现实却往往是缺乏处置货物的能力,致使货物砸在手里。

3.3 应收账款融资

一、应收账款融资的方式

应收类产品主要应用于核心企业的上游融资,该种模式发生在企业销售阶段,根据销售是否完成可以分为应收账款质押融资和保理两种模式。若销售已经完成,但尚未收妥货款,则使用产品为保理或应收账款质押融资;若融资目的是为了完成订单生产,则为订单融资,担保方式为未来应收账款质押,实质是信用融资。

1. 应收账款质押融资

应收账款质押融资是指企业与银行等金融机构签订合同,以应收账款作为质押品,在合同规定的期限和信贷限额条件下,采取随用随支的方式,向银行等金融机构取得短期借款的融资方式。其中放款需要发货来实现物权转移,促使合同生效。同时也需要告知核心企业,得到企业的确权。其交易结构如图3-10所示:

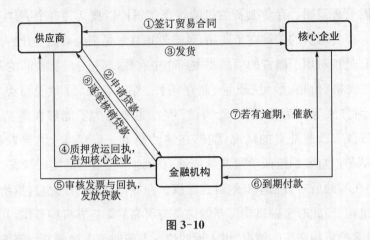

图 3-10

2. 保理业务

保理业务是以债权人转让其应收账款为前提,集应收账款催收、管理、坏账担保及融资于一体的综合性金融服务(图3-11为明保理流程图,由于核心企业不愿意配合,暗保理缺少⑤这个步骤)。与应收账款质押融资的差别是,保理是一种债权的转让行为,适用于《中华人民共和国合同法》,而应收账款质押是一种物权转让行为,适用于《中华人民共和国物权法》。银行拥有对货物物权的处置权。其交易结构如图3-11所示:

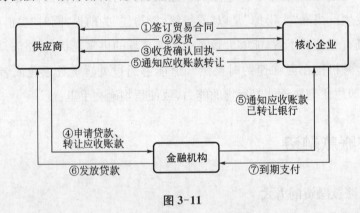

图 3-11

保理可分为有追索权保理和无追索权保理。有追索权保理(又称回购型保理)是指在应收账款到期无法从债务人处收回时,保理商可以向债权人反转让应收账款、要求债权人回购应收账款或归还融资的保理。无追索权保理(又称买断型保理)是指应收账款在无商业纠纷等情况下无法得到清偿的,由保理商承担应收账款的坏账风险的保理。客户转让应收账款可以获得销售回款的提前实现,加速流动资金的周转。此外客户无须提供传统流动资金贷款所需的抵质押和其他担保。在无追索权的转让模式下,客户不但可以优化资产负债表,缩短应收账款的周转天数,还可以向银行或保理商转嫁商业信用风险。

二、应收账款融资风险

接下来,我们从金融机构的角度聊一聊应收账款融资存在哪些风险。

1. 信用风险

信用风险是由于债务人不能履行到期合同而现在和将来引起的风险。应收账款融资最重要的风险就是信用风险,在各个环节都存在:最初的信贷评估、包销、贷款审查、贷款管理以及债务清算。主要表现为:一是放弃权利风险,出质人在出质后恶意放弃或赠予全部或部分应收账款权利;二是限制出质风险,质权实行时,应收账款将可能因拍卖、变卖而要被转让,因此,任何被限制转让的应收账款均不能接受为担保物。

2. 操作风险

(1) 欺诈风险

① 财务报表欺诈

传统银行贷款人主要依靠财务报表的实力作为衡量债务人的晴雨表。对资产支持贷款人而言,主要依赖担保物的质量和存在与否。但资产支持贷款人有时会依靠债务人财务报表的实力来延长其还款期限,或是依据财务报表的实力而减少对担保物的监控。

一般来说,财务报表诈骗有如下几种:扭曲或编造交易,以改善财务报表上的收入额;在交易做成之前就确认销售收入;把虚假销售、有条件销售都界定为销售,不把退货和折扣入账;滥用完工比例记账;不充分披露关联方交易;不实的资产评估;不当处理延迟成本和支出等。

② 应收账款担保品欺诈

提前出单。债务人今天将销售产品或服务的发票作为担保,但明天或更晚些时候才运货或交货。识别这种骗术的关键是通过下次实地调查,进行运货—出单检验。

虚假账龄。债务人把发票从过期的不合格应收账款账龄科目中转移到未过期的合格应收账款账龄科目下,以改善其可用信贷额。如提前出单一样,如果债务人的客户按发票金额付了款,那么账就平了;如果客户未付款,那么就把发票挪到过期账龄科目下,这样照样看不出蹊跷。为识别这种欺骗行为,贷款人的实地调查人员必须在每项账龄科目下至少抽查核对一些单个发票。

隐瞒免付金额。债务人可能会拖延或不向贷款人报告为其顾客提供的免付金额,以推迟债务人降低可用信贷额的时间。

挪用现金。债务人从客户那里收回应收账款,却不上缴或报告给贷款人。

欺诈的应收账款。这种情况下,或许发票从未存在,或许发票是出具给朋友或关联企业的,或是原来存在应收账款,但出质前已清偿,只是出质人未入账或以其他应收账款数据冒充出质。这是应收账款融资诈骗中潜在的最严重和最危险的一种。无论何种情形,贷款银行不可能从应收账款债务人处获得受偿。对于出质人、债务人有过错的,贷款银行可要求其承担相应的民事赔偿责任。防范这种诈骗的最佳措施就是定期核对应收账款。核对工作不仅要确保发票确实存在,也需要确保债务人的客户也的确存在。

(2) 价格虚高风险

价格虚高风险表现为:一是出质人或出质人与借款人合谋虚报应收账款价格,使其超过或者远超过合同或实际应付的价格;二是出质人与应收账款债务人或出质人、借款人与债务人合谋,使合同上填写的价格超过或者远超过实际应付价格;三是货物折扣销售,且出库价与返还折扣双条线记账,使账务上的应收账款与最终实际应付价不一致,但出质人故意隐瞒。

(3) 管理不善风险

管理不善风险主要有两种情形:一是应收账款债务人已清偿销售款,但销售人员未将该款项上交单位,而是挪为己用,使应收账款"空挂"在账务上,导致无法追回;二是如销售人员有一定的折扣浮动权,其按最低折扣销售,却按全价或较高折扣上报销售额,以获取更多奖金或其他利益,但出质人不知悉并以销售人员所报销售价格记账应收账款,以致出质价格高于实际应付价格。

3. 法律风险

由于应收账款是基于合同的金钱债权,根据《中华人民共和国合同法》的有关规定,在应收账款基础合同下,存在合同权利撤销、变更、抵销,代位行使、诉讼时效期满等法律风险,这些情况都有可能使担保的应收账款债权落空。

三、应收账款融资风险防范措施

通过以上风险分析,结合实践经验,我们总结出以下一些风险防范措施供银行或保理商参考。

1. 强化贷前调查,落实调查要素

银行不仅要审核应收账款能否转让或质押,还要关注是否有时效障碍;要核查借款人和应收账款债务人的资信与诚信;不仅核实应收账款是否存在,还要审查合同价格等是否正常与合理,以确保应收账款确定和出质价格未被虚高;不仅要了解出质人、应收账款债务人的资产负债状况,还要关注出质人对销售、资金回笼等的管理措施与水平,以及借款人的债权管理水平等。

2. 细化合同条款,约定防范措施

在贷前调查的基础上,依法在借款合同、质押合同中明确约定风险防范措施,在当前法律规定不完备的情况下,更应依靠合同条款,明确质权人享有的权利和出质人应负的义务。一旦质权受到或可能要受到损害时,质权人可依合同约定维护其合法权益。

贷款合同应当清楚指明担保的应收账款,也可以通过合同约定贷款人的权利保护条款,如保险、检查等,以对担保品价值进行保护。另外,贷款人也可以要求借款人提供应收账款的账龄,提供的频率为每季度、每月甚至每周。贷款合同通常还包括财务条款,这些条款要求借款人维持或达到一定的财务比率和财务业绩水平,作为贷款发放的条件。

3. 完善贷后管理,建立风险预警制度

银行要有完善的贷后管理,要建立风险预警制度,密切关注出质人、应收账款债务人和与他们有关联的第三方的行为,防止质权受到损害或债务人责任财产减少;监督出质人、债务人对合同约定的遵守与落实,及时制止或惩罚他们的违约行为;随时了解出质人、应收账款债务人的财产变化、管理状况、诚信等;全面掌握影响或可能影响质权实现的各类信息,做到防患于未然。

3.4 互联网+供应链金融信用贷

近年来,随着互联网科技的进步,单个企业的交易数据、金融数据、物流数据等信息变得愈来愈丰富,基于大数据可以完全掌握中小企业的真实交易信息,并基于这些数据给予信用的评价,并将之转化为交易信用,由此推动了供应链金融的一种创新模式——信用贷。

基于互联网大数据技术,对中小企业的交易数据可以进行全过程的动态管理,可随时调整企业的信贷规模,将传统基于中小企业资产而进行的融资评估转化为基于交易数据的信用评估,从而在金融机构与中小企业之间建立起稳定的、可预期的、全监管的机制,不仅能解决中小企业的融资困难,也有助于大大降低金融机构的风险。结合实践,我们将互联网+供应链金融的信用贷划分为八大主要模式:

① 基于 B2B 电商平台;
② 基于 B2C 电商平台;
③ 基于支付;
④ 基于 ERP 系统;
⑤ 基于一站式供应链管理平台;
⑥ 基于 SaaS 模式的行业解决方案;
⑦ 基于大型商贸交易园区与物流园区;
⑧ 基于大型物流企业。

这些模式都有一个共通的特性,那就是"产融结合"。供应链金融的本质是信用融资,在产业链条中发现信用。在传统方式下,金融机构通过第三方物流、仓储企业提供的数据印证核心企业的信用、监管融资群体的存货、应收账款信息。在云时代,大型互联网公司凭借其手中的大数据成为供应链融资新贵,蚂蚁金服、京东、苏宁等都是典型代表。下面对八大模式做一个简单的介绍。

1. 基于 B2B 电商平台的供应链金融

国内电商门户网站如焦点科技、网盛生意宝、慧聪网、敦煌网等,B2B 电商交易平台如上海钢联、找钢网等,都瞄准了供应链金融,往金融化方向挺进。如果说互联网金融上半场主打 C 端,那么下半场的 B 端玩法则完全不同。与 C 端流量时代的思维不同,B 端很难再现像支付宝、微信之类的现象级产品。C 端是流量思维,基于"产品流量—产品黏性—产品变现"的商业模式正在失去往日的威力,B 端金融是为合格用户提供适当价值。

B2B 电商供应链金融服务平台一方面对接银行、信托、保理等资金方,为其提供放款用户;另一方面对接资金需求方,通过交易数据对其进行信用评估。B2B 电商供应链金融的运作模式是采用大数据、机器学习、神经网络等技术,整合并分析量化商户的互联网行为数据,从而做出用户画像。在技术维度,只有客观数据量化出的用户信用。"交易、数据、信用"在整个供应链金融中的核心地位,立足于第三方监管征信体系,专注于在 B2B 电子商务供应链上下游提供金融综合服务。其核心理念是大数据分析、科技金融、安全技术、精致服务。总结为一句话就是:数据产生信用、信用转变资产。

2. 基于 B2C 电商平台的供应链金融

B2C 电商平台,如淘宝、天猫、京东、苏宁、唯品会、一号店等都沉淀了商家的基本信息和历史信息等优质精准数据,它们依据大数据向信用良好的商家提供供应链金融服务。

以京东为例,近年来,京东频频加码互联网金融,供应链金融是其金融业务的根基。京东通过差异化定位及自建物流体系等战略,并通过多年积累和沉淀,已形成一套以大数据驱动的京东供应链体系,其中涉及从销量预测、产品预测、库存健康、供应商罗盘到智慧选品和智慧定价等各个环节。

京东供应链金融利用大数据体系和供应链优势在交易各个环节为供应商提供贷款服务,具体可以分为六种类型:采购订单融资、入库环节的入库单融资、结算前的应收账款融资、委托贷款模式、京保贝模式、京小贷模式。京东有非常优质的上游供应商、下游个人消费者和精准的大数据,京东的供应链金融业务水到渠成。

3. 基于支付的供应链金融

只想做支付的支付公司不是好公司。支付宝、快钱、财付通、易宝支付、东方电子支付等均通过支付切入供应链金融领域。不同于支付宝和财付通 C 端的账户战略,快钱等支付公司深耕 B 端市场。以快钱为例,自 2009 年开始,快钱开始探索供应链融资,

2011年快钱正式将公司定位为"支付＋金融"的业务扩展模式,全面推广供应链金融服务。如快钱与联想签署的合作协议,帮助联想整合其上游上万家经销商的电子收付款、应收应付账款等相应信息,将供应链上下游真实的贸易背景作为融资的基本条件,形成一套流动资金管理解决方案,打包销售给银行,然后银行根据包括应收账款等信息批量为上下游的中小企业提供授信。

4. 基于 ERP 系统的供应链金融

传统的 ERP 管理软件等数据 IT 服务商,如用友、畅捷通平台、金蝶、鼎捷软件、南北软件、富通天下、管家婆等,其通过多年积累沉淀了商家信息、商品信息、会员信息、交易信息等数据,基于这些数据构建起一个供应链生态圈。

5. 基于一站式供应链管理平台的供应链金融

一些综合性第三方平台,集合了商务、物流、结算、资金的一站式供应链管理,如国内上市企业的怡亚通、南京的汇通达、外贸综合服务平台——阿里巴巴一达通等,这些平台对供应链全过程的信息有充分的掌握,包括物流掌握、存货控制等,已集成为一个强大的数据平台。

6. 基于 SaaS 模式的行业解决方案的供应链金融

细分行业的信息管理系统服务提供商,通过 SaaS 平台的数据信息来开展供应链金融业务,如国内零售行业的富基标商、合力中税;进销存管理的金蝶智慧记、平安银行橙 e 网生意管家、物流行业的宁波大掌柜、深圳的易流 e-TMS 等。

以平安银行生意管家为例,国内首个免费的 SaaS 模式供应链协同云平台,是平安银行橙 e 网的核心产品。橙 e 平台将平安银行供应链金融传统优势推向更纵深的全链条、在线融资服务。"更纵深的全链条"是指把主要服务于大型核心企业的上下游紧密合作层的供应链融资,纵深贯通到上游供应商的上游、下游分销商的下游。"在线融资"是指橙 e 平台为供应链融资的各相关方提供一个电子化作业平台,使客户的融资、保险、物流监管等作业全程在线。

7. 基于大型商贸交易园区与物流园区的供应链金融

大型商贸园区依托于其海量的商户,并以他们的交易数据、物流数据作为基础数据,这样的贸易园区有很多,如深圳华强北电子交易市场、义乌小商品交易城、临沂商贸物流城、海宁皮革城等。

以浙江的银货通为例,浙江的"块状经济"历来发达,"永康五金之都""海宁皮革城""绍兴纺织品市场""嘉善木材市场"等都是知名的块状产业聚集区。而这些产业集群的特征是,其上下游小微企业普遍缺乏抵押物,但却具有完整的上下游供应链。在这样的背景下,银货通在"存货"中发现了信用,首创存货质押金融,是国内首家基于智能物流、供应链管理的存货金融网络服务平台。同时,其相继推出了"货易融""融易管""信义仓"三大服务系统。截至目前,银货通通过动产质押,实际实现融资超 10 亿元,管理仓储面积超 10 万平方米,监管质押动产价值 25 亿元。

8. 基于大型物流企业的供应链金融

物流占据了整个商品交易过程中重要的交付环节,连接了供应链的上下游。它们基于物流服务环节及物流生产环节在供应链上进行金融服务。国内大型快递公司及物流公司,快递公司如顺丰、申通、圆通、中通、百世汇通等,物流公司如德邦、天地华宇、安能等均通过海量客户收发物流信息进行供应链金融服务。目前顺丰、德邦已经开始通过物流数据渗透货主采购,仓储物流费用等方面进入供应链金融。

以顺丰为例,2015 年 3 月底,顺丰全面开放全国上百个仓库为电商商家提供分仓备货,同时推出顺丰仓储融资服务。优质电商商家如果提前备货至顺丰仓库,不仅可以实现就近发货,还可以凭入库的货品拿到贷款。顺丰具备庞大的物流配送网络、密集的仓储服务网点及新兴的金融贷款业务,三点连接形成完整的物流服务闭环。除仓储融资外,顺丰金融供应链产品还有基于应收账款的保理融资,基于客户经营条件与合约的订单融资。

3.5 供应链金融 ABS

"大众创业,万众创新",供应链金融领域也不例外。自 2018 年以来,供应链金融 ABS 就像一场豪华盛宴,迎来了迅猛发展:

2 月 1 日,首单以央企作为核心企业并采用储架发行模式的供应链金融资产证券化项目——中国中投证券-德远保理-中建八局供应链金融 ABS 获得上海证券交易所审议通过,该项目总规模达 50 亿元,采取分期发行机制;

2 月 2 日,平安-四川广电供应链金融 1 号 ABS 成立,首单发行落地的传媒行业供应链金融 ABS,也是全国首单通过金融创新、精准扶贫的供应链融资项目;

3 月 2 日,小米公司供应链金融 ABS 100 亿元储架发行获批;

3 月 5 日,融元-方正证券-一方恒融碧桂园 35—82 期保理 ABS 获深交所审议通过,总规模达 400 亿元,采取储架发行、分期机制;

3 月 9 日,平安-比亚迪供应链金融 ABS 获深交所审议通过,产品总规模达 100 亿元;

3 月 16 日,德邦蚂蚁供应链金融应收账款 ABS 20 亿元发行获批;

3 月 19 日,滴滴新型供应链金融 ABS 取得上海证券交易所无异议函,获批储架发行,额度为 100 亿元,首期拟发行规模为 3 亿元……

诸如此种,还有很多,不一一列举。供应链金融 ABS 处在风口的原因在于它有助于为上游企业开辟新的融资渠道,降低对传统银行的信贷依赖,并加快资金回笼,对中小企业盘活应收账款资产、解决中小企业融资与服务实体经济有重要意义。

一、供应链金融 ABS 模式

供应链金融 ABS,指的是以核心企业上下游交易为基础,以交易未来可以带来的现金流收益为保证,通过在资本市场发行债券来募集资金的一种项目融资方式。供应链金融不同融资方式下的产品很多都可以跟资产证券化产品结合,以期得到更低成本的资金,或者说批量操作供应链金融业务。目前供应链金融 ABS 多是应收类供应链金融融资方式下的产品与资产证券化结合的产物。

不过,目前供应链金融 ABS 大部分是针对供应链金融融资方式中的应收账款融资而产生的,而在此类融资方式中,提供融资服务的机构有保理商和商业银行,因此本节将供应链金融 ABS 分为以下两类:

1. 保理/反向保理 ABS(保理商作为融资服务方)

(1) 保理 ABS

保理是指卖方将其现在或将来的基于其与买方订立的货物销售/服务合同所产生的应收账款转让给保理商,由保理商向其提供资金融通、买方资信评估、销售账户管理、信用风险担保、账款催收等一系列服务。正向保理的基础资产为保理融资债权,应关注保理融资债权本金的确定,谨慎评估保理融资过程中"预扣保理融资利息"对债权本金的减损风险。正向保理业务通常采用隐蔽型保理方式,在这种方式下,作为原始权益人的保理公司是否控制保理回款账户会影响专项计划现金流回收的风险管理。开立保理专户的目的主要是保理商对应收账款回款的控制,通过专户的形式,对账户内资金特定化、移交债权人占有以实现优先受偿。(图 3-12)

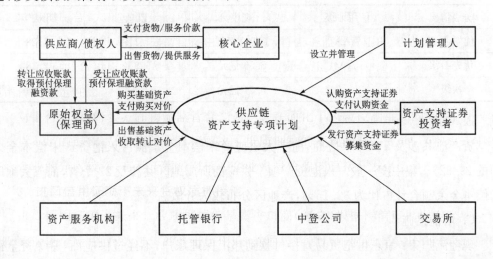

图 3-12

案例分析:京东金融-华泰资管 2016 年第一期保理合同债权资产支持专项计划(图 3-13)

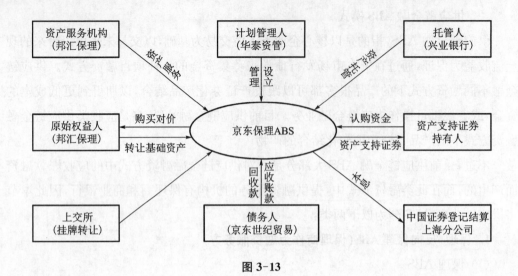

图 3-13

A. 基本信息

原始权益人/资产服务机构：上海邦汇商业保理有限公司

计划管理人：华泰证券（上海）资产管理有限公司

债务人：北京京东世纪贸易有限公司

托管人：兴业银行股份有限公司

发行总额：20 亿元

债券信息：

分级情况	信用评级	规模	票息	期限/年
优先 A 级	AAA	14.40 亿元	4.1%	2.28
优先 B 级	AA	5.59 亿元	5.9%	2.28
次级	—	0.01 亿元	—	2.28

B. 资产池

资产池共涉及 514 个供应商，前十大供应商未偿本金余额占入池资产未偿本金余额的 29.62%，集中度一般。入池资产项下供应商所属地区共涉及 22 个省，前五大地区未偿本金余额合计占比为 82.15%，产地区分布较为分散。

C. 增信措施

现金流归集：京东世纪贸易直接付款到邦汇保理账户，不经过供应商，避免资金混同风险优先/次级结构：次级与优先 B 级资产支持证券能够为优先 A 级资产支持证券的本息提供 38.89% 的支持，次级能为优先 B 级的本息提供 0.18% 的支持。

超额利差：根据基础资产合格标准的约定，资产池的加权收益率不低于 8%，资产池现行加权平均利率与资产支持证券预计平均票面利率之间存在一定的超额利差，为资产支持证券提供了一定的信用支持。

信用触发机制：如果加速清偿时间或违约时间被触发，基础账户内记录的资金不再用于购买原始权益人的合格标准的资产，计划管理人应立即指令资产服务机构将证券化服务账户的全部余额划付至专项计划账户。

D. 资产服务机构履约能力

对于供应商保理融资业务，邦汇保理的风险控制手段主要体现在大数据分析基础之上客户准入、授信额度控制以及京东自营供应链体系的货物流与资源流闭环控制。

(2) 反向保理 ABS（核心企业负债端管理工具）

反向保理作为一种新兴保理业务模式，其核心意义在于针对上游企业中小供应商授信额度不高、融资规模较小的特点，利用信用替代机制，以供应链核心企业信用替代中小供应商信用，实现供应链上下游资金融通的目的。反向保理适用于供应链金融管理意识强且配合度高、需要加强对其上游供应商的金融支持以保障稳定安全的核心企业。核心企业一般选择行业中具有一定的资产规模、财务实力和信用实力的龙头企业。（图 3-14）

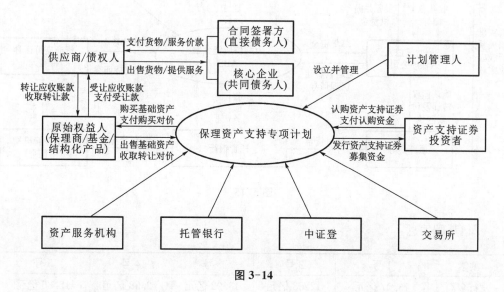

图 3-14

对供应链上游的中小企业卖方（债权人）而言，反向保理模式的出现有助于缓解其流动资金压力；对买方（债务人）而言，可以方便管理其数额庞大的应付账款；对保理商而言，更容易获得买方（债务人）对应收账款的确认，由于买方（债务人）的主动参与，这种模式能够有效降低保理机构债权退出的风险。

反向保理资产证券化一般采用无追索权保理以提高上游供应商的配合度。与前述供应链资产证券化不同的是项目中采用了出具《付款确认书》将母公司列为共同付款人（对应付账款逐笔确权）、提供差额支付承诺等方式来使得供应商的应收账款更好地体现为母公司信用。国内信用体系基础设施的缺失加大了对中小微企业的尽调难度,反向保理资产证券化引入核心企业的主体信用,核心企业通过其和供应商的海量数据建立供应商动态准入制度从而加强供应链风险防范。

供应链核心企业的经营和风控能力水平相对较高,对行业景气度和应付账款规模预判较为准确,供应商准入制度的建立也保证了基础资产具有较高的同质性,可通过"储架发行"进一步提高发行效率。核心企业作为最终付款人使得反向保理资产证券化的类信用债属性更加浓厚,分层结构上,多采用平层发行或仅设置较低比例的次级。只有真实的贸易背景、真实的应收账款,反向保理资产证券化才能真正有利于中小企业降低融资成本,提高供应链稳定性。建立适当的机制对贸易真实性和贸易规模做出评断,防止核心企业和上游供应商串谋欺诈,是保证此类业务健康发展的重要前提。

案例分析: 平安证券-万科供应链金融 X 号资产支持专项计划(图3-15)

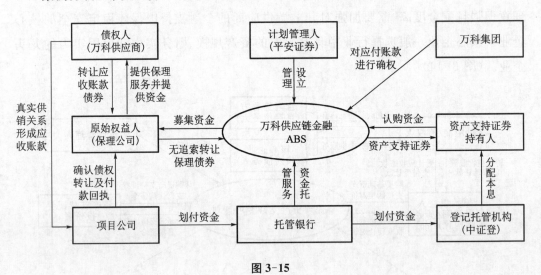

图 3-15

A. 基础信息:

要素	1号	2号	3号	4号	5号
发行金额	13.07亿元	12.68亿元	13.92亿元	12.58亿元	12.85亿元
初始计算日	2017-07-27	2016-09-02	2016-11-04	2016-12-16	2017-05-25
法定到期日	2018-07-27	2017-09-01	2017-11-03	2017-12-01	2018-05-04
证券分档	A级	A级	A级	A级	A级
占比	100%	100%	100%	100%	100%
信用等级	AAA	AAA	AAA	AAA	AAA
期限	1年	—	—	—	—
票面利率	3.80%	3.49%	3.48%	4.40%	5.20%
支付频率	到期一次还本付息				

B. 基础资产：万科股份128个下属公司与168个供应商的建筑材料采购与境内工程承包/分包服务形成的应收账款债权。

C. 增信方式：初始债务人为万科下属公司，并有万科股份成为共同债务人，债权到期日直接从万科授权扣款账户划扣资金；万科股份是房地产行业龙头企业，中诚信证券评估有限公司给予其AAA信用评级。

D. 特点：债务人主体信用评级AAA，偿债能力强，因此只设优先A级；此保理为公开型无追索权保理，全部扣减核心企业的银行额度，融资比例为100%；交易信息真实可靠，债务人无违约风险，资金回流率为100%。

2. 银行票据ABS（商业银行作为融资服务方）

银行票据是指以票据作为结算工具，通过引入信用证、银行保函、保贴等手段嫁接银行信用的应收账款债权资产证券化产品。根据计划管理人的委托，银行通常还会担当专项计划的资产服务机构，为专项计划提供基础资产筛选、资金归集、作为名义质权人等服务。例如：平安橙鑫橙e、民生瑞盈通、融元等产品。

此外，在此结构中银行通过和底层多个债权人签订《代理服务协议》以代理原始权益人的身份可以批次进行基础资产的转让；由于银行基础资产充足，此类产品多采用"储架发行"模式，可以进一步提高操作效率；但由于资产端和资金端利差过小，大多数银行开展此类业务的动力不足，更多的是处于业务模式探索阶段。

主导银行同时担任多个角色：原始权益人的代理人，票据增信方，资产服务机构以及托管人。

二、供应链金融ABS的发展趋势

未来供应链金融ABS的发展，预计会形成以互联网电商为核心企业—储架发行为首选方式—区块链技术作技术支持的三足鼎立的布局。互联网电商成为保理ABS的核心企业。供应链金融能有效实现四流合一，弥补互联网渠道的扁平化。互联网供应链ABS基础资产通常为小贷，不仅拓宽了小微企业的融资渠道，还降低了融资成本。保理ABS产品可充分利用互联网金融成本低、效率高、发展快的优势，并结合供应链金融贸易自偿性和大数据风控模式，减少管理弱、风险大的劣势，提高资产池质量。

储架式发行因避险、灵活成首选。供应链金融ABS发起机构的经营和风控能力等水平较高，且基础资产同质性强、资产储备充沛，因此这类ABS产品适合储架发行。储架发行可提高融资规模、加快发行效率。如今深交所、上交所、报价系统都推出了这种模式，一次注册并选择在环境合适的时候分期发行，这种批量模式化的方式，标准化程度很高。

目前市场上供应链金融ABS产品多为储架发行。例如，由大型地产集团如碧桂园、世茂、万科作为最终支付人的ABS储架发行规模仍有500亿元，预计未来这种发行方式将被更多大型核心企业采用。

利用区块链风口优化技术支持。作为承载信用记录的分布式"账本",区块链技术正在债权类资产 ABS 领域展现出极高的契合度。2017 年 5 月,佰仟携手百度成功发行首单区块链 ABS,百度金融以区块链技术作为底层技术支持,使用了去中心化存储、非对称秘钥、共识算法等技术,以资产服务商的角色参与 ABS 创设,打造了专业化 ABS 一站式服务平台,具有去中介信任、防篡改、交易可追溯等特性。

供应链金融 ABS 基础资产多为债权类,而区块链技术无须借助第三方呈现交易对手信用历史,一系列技术特点与 ABS 行业相结合,解决了各方对底层资产质量真实性的信任问题。针对应收类 ABS 普遍存在的信息不对称等信用问题,保理债权就是其解决方法之一。区块链的引入使得供应链上每笔交易都得以录入并开放给所有参与者,加强底层资产质量透明度和可追责性。随着区块链和科技金融技术的快速发展,未来的供应链金融将不断创新,有望成为资产证券化领域未来的蓝海。

第 4 章　供应链金融的参与主体

4.1　核心企业

4.2　资金来源

4.3　融资主体

4.4　风控体系

供应链金融是一个系统性工程,这里面涉及了核心企业、资金端、资产端和风控端,四方配合好才能完成这项金融任务。核心企业是最主要的,这里面涉及几方面问题。核心企业为什么要把信用让渡给上下游企业?很多核心企业还没想通这个问题;另外,在需要核心企业担保回购时很多核心企业不愿意配合。资金端指的是资金来源;资产端指的是融资主体的流动资产,如应收账款、预付款、存货等;风控端指的是供应链金融的整个风控体系。本章将从这几个角度来解析供应链金融在实际操作过程中遇到的一些问题及解决方案。

4.1 核心企业

一直以来,由于核心企业在供应链上的强势地位,造成了对上下游企业的信用占用,即所谓"店大欺客,客大欺店"。具体来说就是核心企业对上游供应链商有一个结算账期,一般 60 天左右,严重的有 90 天到半年的;而对下游的经销商则强势要求先付款后供货,甚至为了销量规模以价格歧视机制导致经销商大量备货,而存货也占用着经销商的资金。如此一来,才出现了中小企业资金周转困难,才有了供应链金融。所以供应链金融的出现,可以说是解铃还须系铃人。

如果做一个形象的比喻,供应链上的核心企业和中小企业就像是一根绳上的蚂蚱,谁出了问题对其他人都不好。核心企业出现问题当然城门失火殃及池鱼,而中小企业出现问题又反过来会影响核心企业。英国经济学家克里斯托弗的那句"21 世纪没有企业与企业之间的竞争,只有供应链与供应链之间的竞争"是极有道理的。所以,供应链金融某种意义上应该上升到供应链产业安全的高度上来解读。

供应链金融对经济发展和产业安全具有重要作用,不但可以解决中小企业融资难题,也可促进供应链核心企业的发展,提升整个供应链的竞争力,进而还会影响一个国家的竞争力和产业安全。由此可见,供应链上中小企业融资难的问题不仅仅是中小企业自身的问题,作为核心企业也应该引起高度重视。供应链金融实际应该是核心企业和中小企业共同面临的问题。

供应链金融有利于释放核心企业的信用优势,促进供应链各个节点企业的发展,改善供应链的竞争力和稳定性,进而提升供应链核心企业的行业竞争力和国际竞争力,以保障产业安全。针对这一点,可以从以下三个方面进行阐述。

首先,供应链金融可以提升核心企业主导的供应链竞争力。供应链金融依托供应链核心企业,为供应链节点企业提供融资,解决供应链节点中小企业融资难问题,促进供应链节点企业的发展,进而提升整条供应链的竞争力。核心企业作为供应链竞争力提升的最大受益者,在发达市场经济国家成为供应链金融的主要推动者。国内企业在供应链关系上,核心企业更多关注供应链内部的利益分配,利用自身优势在账期和价格上挤压供应链上下游企业的利益,不愿意将自身的信用优势加以分享,因而影响了供应链内部生态的完善,限制了对外竞争能力的提升,造成中国供应链金融主要靠中小企业推动的艰难局面。伴随着开放经济带来的冲击和企业对供应链认识的加深,中国的供应链核心企业逐步认识到供应链外部竞争的重要性,更加注重供应链内部生态的平衡。以核心企业驱动的供应链融资模式和产融结合的供应链金融模式也开始发力,未来有望成为供应链金融市场的主流。

其次,供应链金融可以改善核心企业的财务管理能力,提高核心企业的营运水平。对核心企业与上游供应商关系来说,供应链金融在不改变账期前提下加速上游供应商回款,变相提高了核心企业的现金营运能力;对核心企业与下游销售商关系来说,供应链金融在不改变账期前提下加速核心企业回款,提高了资金营运效率。对核心企业自身来说,供应链金融赋予了核心企业在账期和价格上更加灵活的调控能力,也更好地平衡了核心企业和供应链节点企业的资金关系,成为核心企业对供应商和销售商进行管理的重要工具,应收账款融资和保兑仓等重要的供应链金融模式,获得了供应链核心企业的更多支持。

再次,供应链金融可以增强核心企业对供应企业和分销企业的控制力,提高供应链的稳定性,削弱外部冲击的影响,保障供应链的安全。在全球产业竞争环境下,供应链脆弱性的不利影响日益显现,自然灾害、贸易摩擦、国家竞争都会冲击企业的供应链,甚至限制一个企业的生存发展。因此,提高供应链的稳定性日益成为核心企业关注的重点。供应链金融可以发挥核心企业的信用优势,强化与供应链关键企业的合作关系,拓展供应链渠道和模式,提高供应链的稳定性。

可喜的是,在全球化竞争和产业安全的背景下,中国的企业,尤其是供应链上的核心企业已逐步认识到供应链金融的价值,并开始逐步改变在分享优势解决中小企业融资过程中的消极态度。这也成为推动供应链金融发展的动力。基于供应链竞争力提升的目标,在数字技术支撑下,供应链金融形成并完善了核心企业导向模式,促进了核心企业的发展和产业安全。

在供应链金融实务操作中,我们并不是对所有核心企业都开放供应链金融业务。核心企业因规模较大、实力较强,是整个供应链金融发展和壮大的支柱;但也是由于其规模大、影响力大,在供应链金融中是决定风险的特异性变量,不符合金融基本原则中的风险分散原则。核心企业的违约将会导致整个供应链金融的崩塌。供应链金融的风险管理首先是供应链中核心企业的选择问题。

一般情况下,我们对核心企业的筛选需要考察核心企业的经营能力、对上下游客户的管理能力和对金融端的协助能力。考察核心企业的经营实力,如股权结构、主营业务、投资收益、税收政策、已有授信、或有负债、信用记录、行业地位、市场份额、发展前景等因素,按照往年采购成本或销售收入的一定比例,对核心企业设定供应链金融授信限额。考察核心企业对上下游客户的管理能力,主要是以下三点:①核心企业对供应商、经销商是否有准入管理和退出管理;②对供应商、经销商是否提供排他性优惠政策,比如排产优先、订单保障、销售返点、价差补偿、营销支持等;③对供应商、经销商是否有激励和约束机制。而考察核心企业对银行的协助能力主要看核心企业能否借助其客户关系管理能力协助银行等金融机构加大供应链金融的违约成本。

从风险的角度，我们对比一下供应链金融与一般贷款之间的区别，进而看一下核心企业在供应链金融风控中所发挥的作用。首先，供应链金融与一般融资风险的侧重点是不一样的。一般贷款是基于借款人本身的信用，在借款人信用不足的情况下需要采取一些增信的手段，如提供实物抵押或提供担保。而供应链融资是基于贸易的真实性以及更加侧重贸易交易环节的风险。其次，供应链金融对资金用途的监控程度与一般贷款也不同。一般贷款对放款的资金的使用用途没有监控或监控力度很弱。而供应链融资的资金去向是比较明确的，如应付类业务，资金就直接去供应商那里；应收类业务，资金就是为已发生的应收账款提供再融资。再次，供应链金融对还款来源的侧重点与一般贷款也不一样。一般贷款的还款来源一般是基于借款方整个公司的现金流（逼不得已才会用到担保物），或者借款人的再融资能力也是一个还款来源的考虑。而供应链融资更注重以贸易环节所产生的资金回款来作为还款来源。换句话说，银行为整个供应链的某一个环节提供融资（比如采购端），那么就希望这个供应链的下一个环节（比如销售端）所产生的资金回款可以还掉上个环节的借款，而不用依靠这个贸易环节以外的业务，这样子一个贸易环节也就结束了。

所以，核心企业在供应链金融风险把控中是非常重要的。因此，供应链金融的风控要点在于加强核心企业的风控。加强对基础交易企业、担保核心企业，或者合作保理公司的审查，包括企业实力、合同真实性、道德风险等，在增加供应链企业运营效率的同时也要注意其经营产生一定的风险因素。

如果从核心企业角度出发，供应链金融业务围绕其上下游企业而开展，围绕应收账款、订单和库存进行金融服务。从物流、信息流和资金流角度来看，应收账款融资、订单融资和库存融资三个产品的风险各不相同，一般风险排序为：应收账款融资＜库存融资＜订单融资。

因此，我们建议核心企业从自身业务出发，开展供应链金融业务。

1. 从应付账款融资着手，服务上游客户

应付账款对核心企业来讲，是未来时间点需要支付的经营性负债，属于经营活动支出的一部分，在核心企业确认为应付账款时，其付款义务已经形成，只需核心企业内部拥有比较完整的现金流流动性管理即可，风险性较低。因此操作此类业务，一般有以下两种方案：

（1）核心企业承担融资成本，靠自身信用放大杠杆

市场上大部分核心企业都是通过自己的财务公司、租赁公司、保理公司、小贷公司或供应链金融公司进行主动放贷，给予供应商5%～10%的年化融资费率。资金来源通常为自有资金和银行授信，核心企业整体的负债水平增加，同时需要为银行授信承担一定的财务成本，虽然融资成本较低，但是这个模式下，核心企业为此付出了较大的信

用成本。

(2) 核心企业信用转移,享受信用红利,服务上游企业

与第一种方案不同的是,核心企业利用其在银行的闲置授信,将其运用于上游客户,核心企业可在银行资金成本的基础上收取1~2个点的服务费用。例如上港集团在银行拥有上百亿的闲置授信,若将授信额度中的10个亿用于上游客户融资,基本上通过这个方式给到上游客户的融资成本约在6%以下,上港能够因此增加2 000万元左右的收入,成本基本为零。负债水平没有增加,同时这个费率大大低于自己运营的情况,也可以降低专业团队的大量费用支出。

2. 从应收账款融资着手,服务下游客户

应收账款对核心企业来说是非常重要的,针对核心企业所处的行业不同,可能在下游有不同的经营模式。在这个过程中需要寻找资金需求方和融资痛点,结合起来对其进行授信,给予融资服务。一般情况下,核心企业在完成上游供应链金融业务后,才会逐步开展下游业务,操作风险和难度相对于上游都会有所增加。

4.2 资金来源

金融,简单地说就是给有钱的人理财,给缺钱的人融资。在供应链金融里也不例外。缺钱的"人"很容易想明白,是上下游中小企业。那有钱的"人"是谁?又在哪?有钱人愿不愿意把钱投向供应链金融领域呢?马克思说:"如果有10%的利润,资本就保证到处被使用;有20%的利润,它就活跃起来;50%的利润,它就铤而走险;有100%的利润,它就敢践踏人间一切法律;有300%的利润,它就敢犯任何罪行,甚至冒绞首的危险。"可见,一个领域有没有资本进入,要看利润的大小。不过,也不全是。正如时下金融领域一句非常流行的话——你盯住别人的利润,而别人正盯着你的本金。所以风险在所有投资人看来是最重要的。这里就涉及我们上一节所提到的核心企业信用问题。如果投资人认为核心企业的信用符合其投资的风险控制标准,而且利润较高,自然有钱跟进。实际情况怎么样呢?

银行在供应链金融领域有天然优势,如资金成本低、获客容易、掌管资金等,但也有体制、风控、技术等方面的制约,而其他各类市场主体正在不断抢食供应链金融的蛋糕,银行在供应链金融领域面临着"内忧外患"。但我们认为银行仍然是供应链金融领域不可或缺的主力,原因还是银行的资金成本优势,其他企业要想获得更高的杠杆,还得与银行合作;而银行要想真正实现基于供应链/产业链运营的金融服务,也必须依托其他企业深入产业内部。

非银金融机构,以保理公司和小贷公司为核心。目前传统保理公司的发展遇到一

些瓶颈,如确权难、IT与数据能力较弱且风控手段较少。较多的保理机构会选择率先进入一个垂直领域,将产品与服务进行绑定,或植入一个具有较好风控技术的平台来实现供应链金融业务的增长。小贷公司的供应链金融强在贷后管理、催收方式方法多样。小、快、活等特点是其他金融提供方满足不了的,小贷公司与其他资金提供方优势互补、差异化竞争。

说到非银金融机构,不能不谈一谈曾经风光一时后来又频频暴雷的P2P公司。近几年"互联网+"的发展以及国家政策对中小企业融资的支持,使得P2P平台参与其中成为可能,而P2P平台与供应链金融的结合开创了P2P行业的新蓝海市场。

但是,据有关数据显示,2018年10月P2P网贷平台供应链金融平台成交量较年初减少77.58%;2018年1月P2P网贷行业涉足供应链金融业务的正常运营平台约为120家,而10月下降至50家,平台数量减少超过半数;2018年1月单月P2P网贷行业供应链金融业务成交量约为57.9亿元,而10月成交量下降至12.98亿元,下降幅度达78%。出现这一状况最主要的原因为:2018年7月、8月的"暴雷潮"中存在不少打着供应链金融的旗号,实际上从事自融等违法违规行为的平台,因为资金链断裂而倒闭的情况发生;由于P2P网贷借款限额的原因,业务发展空间受限,部分平台因为资金流状况变差后选择清盘停业。

P2P作为供应链金融的资金来源到底是怎么回事?我们有必要了解一下P2P的商业模式。供应链金融的价值在于以核心企业为主,通过上下游的数据积累、应收账款、物流等抵押,为生态圈内的上下游企业提供资金支持,让资源分配更加平衡高效。P2P平台涉足供应链金融领域可以从核心企业、核心资产及核心数据三个方面切入。

在第一种模式里,P2P金融机构围绕核心企业,管理上下游中小企业的资金流和物流,并把单个企业的不可控风险转变为供应链企业整体的风险把控。该模式主要分为上游企业应收账款融资和下游企业信用贷款。由于产业链竞争加剧及核心企业的强势,赊销在供应链结算中占有相当大的比重。在以上市公司为核心企业的模式中,上游供应商向上市公司输出产品或服务,通常资金结算都有一段账期,而在账期内,供应商仍然需要正常运营生产,于是就会出现资金短缺的问题,而这部分短缺的资金又较难从银行等传统金融机构获得,因此就产生了应收账款融资的需求。对下游企业而言,金融机构主要提供预付款代付及存货融资等服务,通常来说P2P网贷平台通过获取核心企业下游经销商的销售数据,来完成定价、风控等措施,主要为信用贷款。(图4-1)

该种模式对核心企业的依赖程度较高,风险点主要在于应收账款的真实性,因此在核心企业的选择上需谨慎。所以,选择上市公司、行业龙头企业、大型国企、央企等作为核心企业,能够提供一定的背书力量。

第二种模式,相当于P2P网贷平台购买了保理公司的供应链金融资产。前述围绕

图 4-1

核心企业的供应链金融模式中,资金来源还包括小贷公司放贷、保理应收账款转让等,而商业保理实际上是供应链金融体系中十分关键的一环。当 P2P 网贷平台参与其中时,该模式则变为,供应商产生应收账款时,将其转让给商业保理公司,由保理公司向其提供融资服务,保理公司再将应收账款的受益权转让给 P2P 网贷平台,到期后保理公司从供应商处收回本息并支付给 P2P 网贷平台。这一过程中,P2P 网贷平台可以通过保理公司回购、引入担保或保险、设置风险准备金等方式来保障投资人资金安全。(图 4-2)

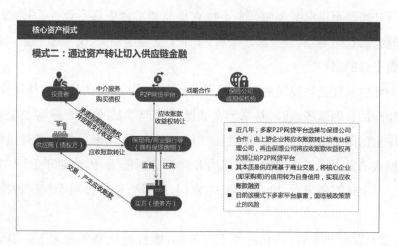

图 4-2

该种模式的风险点主要在于资产转让方的资质和风控能力。所以,资产转让方是否承诺本息全额回购是投资人的重要参考点。由于在实践过程中,多家暴雷平台均是采用这种模式,所以这种模式目前已被多地监管机构明令禁止使用。

第三种模式不同于传统的供应链模式,更带有互联网的特性,其特点是数据占据主导地位。通常可以采用这种模式的,一类是电商平台,另一类是软件公司。电商依托自己的交易平台,利用平台上的交易记录和交易流水甄别借款人风险,测评信用额度,从而为买家和卖家提供融资渠道。这种模式中,平台掌控所有的数据,既能掌握交易流水,又能了解借款人的各种消费偏好,还能基于大数据分析来做风控。典型的如阿里旗下的蚂蚁金服、京东金融、苏宁金融等,都属于这种模式。(图4-3)

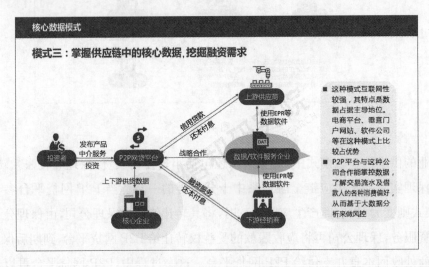

图4-3

在这种模式下还有一类细分,对于一些有行业优势的门户型网站,可以利用其平台优势做电商并拓展至供应链金融。主要特点是此类平台更具专业性,平台掌控的资源也更多,如物流、仓储等,从资金形态来看,呈单笔交易金额大、交易不频繁,且总流水量比不过电商平台的态势。

另一类是由软件公司控股的P2P网贷平台,其主要的模式是围绕使用同种软件的企业提供相应的金融服务,通常是基于企业运行管理需要的ERP或各类数据软件,利用这些软件上的历史数据寻找融资项目。例如财务软件、零售连锁店软件供应商等。

该种模式的重点在于数据的获取能力和建模分析能力,因此对于P2P平台的技术要求较高。从上述案例来看,电商平台、垂直门户网站、软件公司等在这种模式上比较占优势。

不过,就目前形势来看,P2P还处于寒冬期,能否挺过寒冬迎来下一春,还有待观察。P2P暴雷的原因是多方面的,有借款人经营不善导致坏账甚至恶意赖账的问题,有平台模式设计、资金挪用的问题,有房地产出台摇号验资政策导致投资人刚性兑付的问题,也有政府在这个新兴领域监管法规不完善的问题,等等。不可否认,P2P的出现让供应链金融呈现了爆发式增长,但若是昙花一现就有些可惜,只能寄望各方努力,共同呵护这朵新生的金融之花。

4.3 融资主体

供应链金融的融资主体是供应链上的上下游中小企业,前面已经对中小企业融资难、融资贵的问题做了很多阐述,本节从金融市场的结构的角度对中小企业融资难的问题做一个深入解读。所谓结构决定功能,很多时候,结构不改,根本问题解决不了,到头来还是治标不治本。

基于中国金融市场的形成历史和发展轨迹的新视角,可以揭示出中国金融市场的结构性缺陷和制度性缺陷。这些基础性缺陷正是造成我国中小企业融资困境的重要原因。

第一,从资本市场的演变历程来看,是为大企业和国有企业设立的资本市场。

我国资本市场的起源最早的动因就是为国有企业的可持续发展服务,从设立起资本市场就深深打上了为国企、为大企业服务的烙印。90 年代初设立沪深证券交易所,到 1996 年末,政府和国有企业绝对控股的公司占全部上市公司的 70% 以上(尚不包括国家参股和相对控股的国有上市公司)。截至 2017 年 12 月 31 日,我国共有 A 股上市公司 3 494 家,股权性质为国企的有 1 065 家,比例仍然达 30% 以上。

截至 2018 年 10 月底,通过资本市场融资的企业总计不到 15 000 家(A 股上市公司共 3 556 家,沪深主板上市公司共 1 903 家,中小企业板上市公司共 919 家,创业板上市公司共 734 家,新三板挂牌公司共 10 892 家,合计 14 448 家)。目前全国大中小企业达到 3 133 万户,其中 98% 以上是中小微企业,通过资本市场融资的企业只占企业总数的 0.048%,中小企业在资本市场上的融资规模与中小企业的体量相比更是微乎其微。资本市场并没有发挥出其应有的为企业融资的作用,无法真正地解决中小企业融资难的问题。

第二,从直接融资与间接融资的结构来看,间接融资比重严重偏高。

长期以来,以银行业为主的间接融资始终在我国社会融资中占主导地位,与直接融资相比,间接融资的主导权掌握在银行的手里,融资条件、融资标准、融资规模、融资风险等主要由银行识别和决定。银行主导型经济明显地表现为直接融资比例过低。

从社会融资规模存量来看,截至 2018 年 10 月,中国社会融资规模总额达 197.89 万亿元,其中,以股票和债券(包括地方政府专项债券)为代表的直接融资达 33.75 万亿元,占整个社会融资规模的比重仅为 17%。从融资结构的国际比较来看,中小企业直接融资在我国大概仅占 5%,而国际则占 70% 左右。

第三,从信贷市场的现状来看,是为大企业和国有企业设立的信贷市场。

我国商业银行贷款主要通过客户评级、业务流程等过程决定是否放贷。从客户评级角度来看,大企业、国有企业、行业龙头企业、政府项目、垄断企业和资源型企业都被列为总行级的战略客户和重点客户,在贷款上都被优先考虑和关照。虽然并没有歧视中小企业的贷款条款,但统一的评级标准或有限的分级标准,也就成了中小企业难以逾越的融资门槛。以上分析反映在信贷市场的结构上,出现了落差极大的不对称性。2016年末,占我国企业数量超过90%的中小微企业的贷款余额占所有大中小微企业贷款余额的比例为64.75%,也就是说,大企业贷款余额占所有企业贷款余额的比重为35.25%。并且,在给中小微企业的贷款中,中小微国有控股企业又占比43.7%,中小微私人控股企业仅占比43.6%。由此可见,占数量比重极少的大企业、国有企业却一直在信贷市场中占据较多的资源。

第四,从金融市场的整体结构来看,债权市场与股权市场比例失调。

从社会融资规模存量来看,截至2018年10月,股权融资占比只有3.52%,债权融资占比高达96.48%,债权融资和股权融资比约是27∶1,与美英等发达国家相比,我国债权融资与股权融资比例过高。在企业杠杆率高企的当下,提升股权融资比例已经成为解决中国经济中融资问题的关键渠道。高杠杆是宏观金融脆弱性的总根源,在实体部门体现为过度负债,在金融领域体现为信用过快扩张。债权融资比例过高,不但导致企业负债率过高,增加企业财务风险负担,削弱企业竞争力;而且还会加大企业财务风险。

第五,债权融资结构畸形,短期债权比例过高,融资期限错配。

2016年末,金融机构对非金融企业及机关团体短期贷款及票据融资余额为33.04万亿元,中长期贷款余额为39.61万亿元,可见短期贷款占比仍达45%以上。而中小企业多处于创业早期,表现出设立时间较短,经营和治理多方面不成熟等特征,金融机构(主要是银行)对中小企业放贷相对审慎,顾虑较多,因此在整个金融机构(特别是银行)对中小企业的贷款中,短期贷款占据更高的比重。由于在我国信贷市场中,银行处于相对垄断和市场主导的地位,企业的需求伴随企业弱势的谈判地位,不能完全反映到银行的产品设计中,银行也从未从根本上反思这是否符合企业的真正需求,导致约80%的长期投资无法从金融系统获得长期融资,只能借助于滚动的短期融资,从而在宏观层面和企业层面上均表现出严重的期限错配。

革命还未成功,同志仍需努力。在当前国内外经济环境日趋复杂的背景下,中小企业融资问题可以从短期、中期和长期三个阶段、三个视角去思考。

短期来看,缓解压力,稳定局面。在错综复杂的国际形势下,要稳住经济发展局面,稳定企业经营环境。认真贯彻落实中共中央办公厅、国务院办公厅印发的《关于加强金融服务民营企业的若干意见》;实施差别化货币信贷支持政策;延长企业贷款期限,提高五年以上贷款比例,保持企业经营稳定,不受倒贷侵扰;对产能过剩行业也要区分不同情况,避免简单的"一刀切",避免随意抽贷、断贷;增强信贷政策的灵活性,提升逆经济周期信贷服务水平。

中期来看,完善市场,深化改革。全面推进资本市场各领域的市场化,让市场在资源配置中起决定性作用,并能更好地发挥政府作用。改革中长期信贷市场,大力发展货币资金市场,建设发展金融品衍生市场。在进一步发展深沪两市主板市场的同时,继续优化中小企业板、创业板市场以及完善新三板制度体系,发展区域性股权交易市场。抓紧推进在上海证券交易所设立科创板并试点注册制。积极推动地方各类股权融资规范发展。进一步完善金融市场主体,发展中小民营金融机构。支持民营银行和其他地方法人银行等中小银行发展,加快建设与民营中小微企业需求相匹配的金融服务体系。

长期来看,放宽视野,改变理念,开拓进取。在完善我国金融市场条件下,要全面利用好投资、消费和国际贸易对经济的拉动作用,在宏观上为中小企业可持续发展和投融资提供更好的环境,建立"敢贷、愿贷、能贷"的长效机制,增强金融服务民营企业的可持续性。遵循和倡导"竞争中性"原则,构建统一、开放、公平的市场环境,进一步优化税收环境,完善中小企业征信制度,加快建设与经济发展相匹配的社会信用环境。

很显然,供应链金融的出现不敢说能解决中小企业的所有问题,但至少眼下可以盘活中小企业的部分流动资产。不过,再好的方式也需要中小企业加强自身的规范,才能随时与外界进行交流互动。在供应链融资模式中,中小企业应当逐步提升自身的管理水平,对财务管理制度加以规范,进一步明确短期和中远期发展目标,并对组织结构进行优化调整,构建社会责任标准,以此来增强企业信誉。首先,中小企业要积极参与供应链融资,并在充分结合自身经营特点和资金需求的前提下,选择最适合本企业发展的金融产品。同时处于供应链中的各个成员,应建立数据信息传输方式,增强信息互通、互换的效率和准确性,并通过与金融机构之间的长期合作,提升中小企业的信息等级。其次,中小企业还应加强对各种不同金融模式的学习和掌握,并结合自身的实际情况,选择最为适合发展的融资模式,争取以最低的交易成本,达到最高效的融资目的。再次,中小企业应加强与融资方面有关的人才队伍建设,借助人才引进、在职培训等方式,提高工作人员的专业技能和业务水平,这有助于供应链融资风险管理水平的提升。

4.4 风控体系

重庆前市长黄奇帆说金融的本质就是三个关键词:信用、杠杆和风险。可见做好风险控制对一项金融业务的重要性。供应链金融与传统金融一样具有风险,但是其风险特性又与传统金融有些不同。本节将详细解读供应链金融风险的起因、特点以及目前的风控措施。

1. 供应链金融风险的起因

商业银行具有内在的脆弱性,这是商业银行风险产生的理论根源。宏观经济政策与泡沫经济、金融放松管制与自由化、内部管理与道德风险、经营环境与非经济因素等是商业银行风险的现实起因。而供应链金融业务与传统信贷业务相比有一些不同的特质,其构成了供应链金融业务特殊风险的起因。

(1) 授信企业具有产业链相关性

基于供应链的供应链金融为融资业务带来了更广阔的融资空间,风险也就由传统的单一贸易环节向供应链上下游拓展,意味着供应链上下游的不确定性也为贸易融资带来了风险。特别是当供应链金融的覆盖范围达到"端到端"时,供应链金融的风险也就随之覆盖了整个供应链。

此时,风险不再是客户信用风险、贸易背景真实性等传统的风险,而是以贸易环节为出发点向供应链上下游扩散。因此,不仅客户自身的信用水平和还款能力应继续得到关注,而且还应对客户的上游供应商和下游客户的关系、商誉、信用度、财务报表真实性等进行关注。

银行现阶段发展的供应链受信对象多集中在几个大型的产业链上,如汽车业、医疗器械业、电力业等。当这些大型产业链上的任意一个重要结点发生使银行撤出资金的风险问题时,不仅使银行在链上其他企业的授信业务受到影响,甚至整个产业链的发展也会受到波及。

(2) 供应链上主要授信企业规模较小

在传统的信贷业务中,银行偏向于选择大型的、信用评级较高的企业作为授信对象。而在供应链金融业务中,最需要资金支持的往往不是一条供应链上的核心企业,而是其上下游的供应商、分销商等相对小的企业。

由于中小企业在供应链中处于买方或卖方的劣势地位,流动负债在其报表中所占份额很大。银行给这些中小企业放贷,面临着授信对象规模小、信用评级历史短或有空缺的情况,相较规模大的企业而言风险较大。

银行授信以交易为基础决定其风险与传统业务不同。供应链金融是基于企业间的实质性交易来发放贷款的,这就决定了交易的可控性、真实性成为贷款能否收回的重要保障。

2. 6大常见供应链金融风险

传统业务中,银行会将目光放在企业的评级、财务状况上,不会对企业的每笔交易都做调查。而供应链金融业务中,授信因交易而存在,如果企业造假交易信息而银行又没有及时发现,就会产生巨大的信用风险。在控制企业的交易过程中,银行也容易处于被动地位,所以说授信以交易为基础给银行信贷带来了与传统信贷不同的风险。

(1) 核心企业信用风险

在供应链金融中,核心企业掌握了供应链的核心价值,担当了整合供应链物流、信息流和资金流的关键角色。商业银行正是基于核心企业的综合实力、信用增级及其对供应链的整体管理程度,而对上下游中小企业开展授信业务。因此,核心企业的经营状况和发展前景决定了上下游企业的生存状况和交易质量。

一旦核心企业信用出现问题,必然会随着供应链条扩散到上下游企业,影响到供应链金融的整体安全。一方面,核心企业能否承担起对整个供应链金融的担保作用是一个问题,核心企业可能因信用捆绑累积或有负债超过其承受极限使供应链合作伙伴之间出现整体兑付危机;另一方面,当核心企业在行业中的地位发生重大不利变化时,核心企业可能变相隐瞒交易各方的经营信息,甚至出现有计划的串谋融资,利用其强势地位要求并组织上下游合作方向商业银行取得融资授信,再用于体外循环,致使银行面临巨大的恶意信贷风险。

(2) 上下游企业信用风险

虽然供应链金融通过运用多重信用支持技术降低了银企之间的信息不对称和信贷风险,通过设计机理弱化了上下游中小企业自身的信用风险,但是作为直接承贷主体的中小企业,其公司治理结构不健全、制度不完善、技术力量薄弱、资产规模小、人员更替频繁、生产经营不稳定、抗风险能力弱等问题仍然存在;特别是中小企业经营行为不规范、经营透明度差、财务报表缺乏可信度、守信约束力不强等现实问题仍然难以解决。

与此同时,在供应链背景下,中小企业的信用风险已发生根本改变。其不仅受到自身风险因素的影响,还受到供应链整体运营绩效、上下游企业合作状况、业务交易情况等各种因素的综合影响。任何一种因素都有可能导致企业出现信用风险。

(3) 贸易背景真实性风险

自偿性是供应链金融最显著的特点,而自偿的根本依据就是贸易背后真实的交易。在供应链融资中,商业银行以实体经济中供应链上交易方的真实交易关系为基础,利用交易过程中产生的应收账款、预付账款、存货质押/抵押,为供应链上下游企业提供融资服务。

在融资过程中,真实交易背后的存货、应收账款、核心企业补足担保等是授信融资实现自偿的根本保证。一旦交易背景的真实性不存在,出现伪造贸易合同,或融资对应的应收账款的存在性/合法性出现问题,或质押物权属/质量有瑕疵,或买卖双方虚构交易恶意套取银行资金等情况出现,银行在没有真实贸易背景的情况下盲目给予借款人授信,就将面临巨大的风险。

(4) 业务操作风险

操作风险是当前业界普遍认同的供应链金融业务中最需要防范的风险之一。供应链金融通过自偿性的交易结构设计以及对物流、信息流和资金流的有效控制,通过专业化的操作环节流程安排以及独立的第三方监管引入等方式,构筑了独立于企业信用风险的第一还款来源。但这无疑对操作环节的严密性和规范性提出了很高的要求,并造成了信用风险向操作风险的位移。因为操作制度的完善性、操作环节的严密性和操作要求的执行力将直接关系到第一还款来源的效力,进而决定信用风险能否被有效屏蔽。

(5) 物流监管方风险

在供应链金融模式下,为发挥监管方在物流方面的规模优势和专业优势,降低质押贷款成本,银行将质物监管外包给物流企业,由其代为实施对货权的监督。但此项业务外包后,银行可能会减少对质押物所有权信息、质量信息、交易信息动态了解的激励,并由此引入了物流监管方的风险。

由于信息不对称,物流监管方会出于追逐自身利益而做出损害银行利益的行为,或者由于自身经营不当、不尽责等致使银行质物损失。如个别企业串通物流仓储公司有关人员出具无实物的仓单或入库凭证向银行骗贷,或者伪造出入库登记单,在未经银行同意的情况下,擅自提取处置质物,或者无法严格按照操作规则要求尽职履行监管职责导致货物质量不符或货值缺失。

(6) 抵质押资产风险

抵质押资产作为供应链金融业务中对应贷款的第一还款源,其资产状况直接影响到银行信贷回收的成本和企业的偿还意愿。一方面,抵质押资产是受信人如出现违约时银行弥补损失的重要保证;另一方面,抵质押资产的价值也影响着受信人的还款意愿,当抵质押资产的价值低于其信贷敞口时,受信人的违约动机将增大。

供应链金融模式下的抵质押资产主要分为两类:应收账款类和存货融资类。应收账款类的风险主要在于应收账款交易对手的信用状况、应收账款的账龄、应收账款退款的可能性等。

存货类融资的风险主要在于质物是否缺失、质物价格是否波动较大、质物质量是否容易变异以及质物是否易于变现等。

3. 供应链金融风险的特点

(1) 业务闭合化

业务闭合化指的是供应链运营中价值的设计、价值的实现、价值的传递能形成完整、循环的闭合系统。一旦某一环没有实现有效整合,就有可能产生潜在风险。

值得注意的是业务闭合不仅指的是如技术、采购、生产、分销、销售等作业活动的有效衔接,而且也涵盖了价值的完整结合、循环流动,亦即各环节的经济价值能按照预先设定的程度得以实现,并有效地传递到下一个环节,产生新的价值。

影响业务闭合性的另一类因素是行业或区域性系统风险。供应链金融一定是依托于一定的行业供应链而开展的金融创新活动,因此,供应链服务的行业和区域特征必然对供应链能否稳定持续运行产生作用。

具体地讲,供应链金融只能在持续或者稳定发展的行业中实施,对于限制性的行业或者夕阳型行业,实施供应链金融具有较大的风险,这是因为行业走低或者低迷会直接使供应链运营遭受损失,进而影响到金融安全。

供应链本身的业务结构也是保障闭合的主要方面,一个稳定、有效的供应链体系需要做到主体完备到位、流程清晰合理、要素完整有效。主体完备到位指的是供应链设计、组织和运营过程中,所有的参与主体必须明确,并发挥相应的作用。

供应链金融活动是基于生态网络结构的金融性活动,网络中涉及诸多的参与主体,如供应链上的成员(上下游企业、合作者、第三方等)、交易平台服务提供者、综合风险管理者以及流动性提供者,如果某一主体缺失,或者没有能够起到预期的作用,业务的闭合性就会产生问题。

(2) 交易信息化

交易信息化原本指的是将企业内部跨职能以及企业之间跨组织产生的商流、物流、信息流、资金流等各类信息,能及时、有效、完整反映或获取,并且通过一定的技术手段清洗、整合、挖掘数据,以便更好地掌握供应链运营状态,使金融风险得以控制。

而今,交易信息化的含义进一步得到扩展,为了实现金融风险可控的目标,不仅能够获取和分析供应链运营中直接产生的各类信息和数据,而且能够实现信息全生命周期的管理,实现有效的信息治理。

显然,信息治理行为包括了交易管理、规则确立、信息安全、数据流管理以及信息的全生命周期管理等。有效的供应链金融信息治理,需要解决如下几个问题:

第一,确保供应链业务的真实性。即所有在供应链中发生的业务是真实、可靠的,并且产生的价值是持续、稳定的。要做到前一点,就需要通过对交易凭证、单据和供应链运营状态的查验,来确保交易的真实。此外,还可以运用大数据辅助判断供应链业务的真实可靠性,即基于关、检、汇、税、水、电等间接性数据进行挖掘分析。例如,供应链参与企业一般纳税人取得资格的时间、纳税等级与缴税情况、结汇状态、常年用电用水的程度等,通过对这些数据进行分析,能够间接地了解生产经营的真实程度。

第二,确保供应链物流能力和质量。即在从事供应链物流服务过程中,物流作业的质量、数量、时间、地点、价格、方向等明确、清晰。例如,物流运营的能力、库存周转率、物流网络等能否完全符合供应链交易或者相应主体的要求。此外,单货相符也是需要关注的重要信息。

第三,确保供应链中资金财务风险清晰可控。交易信息化管理一个很重要的方面是能清晰地了解供应链中资金流和财务的状态，否则该信息的缺失就会直接导致供应链金融风险。要做到这一点就需要通过各种渠道把握几个方面的信息：一是现金流和利率状态；二是企业自身的财务管理和内控体系；三是借贷状态。

(3) 收入自偿化

收入自偿化是指供应链金融活动中所有可能的费用、风险等能够以确定的供应链收益或者未来收益覆盖；否则一旦丧失了自偿原则，就很容易出现较大的金融风险。而决定自偿原则的因素就包括了供应链运营中相应的货物、要素的变现能力。

需要指出的是，在供应链金融运营互联网化、网络化的条件下，可能对收入自偿产生影响的因素，不仅仅是静态地考察货物、要素的变现，还要动态地分析影响变现和收益的时空要素。

时间要素指的是供应链金融活动中融资借贷的长短时间匹配问题。融资周期也是产生风险的因素，周期时间越长，可能的风险就会越大。具体而言，在供应链融资过程中，长借长还（即借贷时间长，还款时间长），甚至长借短还（即借贷时间长，分阶段偿还）都有可能对收入自偿产生挑战。如果借贷时间较长，就有可能因为外部环境或者其他各种因素，产生行业或业务的波动，对产品或业务的变现能力和程度产生消极影响。尤其是在中国信用体系尚不完善，中小企业不稳定、不规范的环境下，短借短应当是收入自偿化遵循的准则。

空间要素指的是产生供应链收益的来源地。由于不同的国家、地域因为政治、经济等因素的作用，会有不同程度的风险，这种风险必然影响到交易主体的信用和行为，以及交易产品价值的变动和交易的安全。这些都是收入自偿化原则需要关注的要素。

(4) 风险结构化

风险结构化指的是在开展供应链金融业务的过程中，能合理地设计业务结构，并且采用各种有效手段或组合化解可能存在的风险和不确定性。在理解风险结构化的过程中，同样有两点需要考虑：

一是针对不同的风险来源，因应和降低风险的手段和途径是具有差异性的。供应链金融是供应链风险和金融风险的双重叠加，具有高度的复杂性，因此，在结构化分散风险的过程中，必然需要多种不同形态的手段和要素。显然，针对不同状态的风险类型，就需要采用多种手段加以弥补，并且还需要考虑这些手段的组合效应。

二是尽管存在着各种化解、分散风险的手段，但是应当看到不同手段和要素的重要程度和风险分散能力是不尽一致的，也就是说风险手段存在着优先级。例如，在特定的供应链金融业务中，保险可以作为分散风险的手段之一，但是往往不能成为化解风险的最后或唯一方式。甚至作为担保方的主体也存在着优先顺序，这是因为不同主体的信用状况具有较大的差异性，自身的经营历史、文化、对法规和契约精神的理解都会影响到对风险出现之后的应对方式。

(5) 声誉资产化

第一是企业基本素质。企业基本素质是影响企业信用状况的内部条件,较高的企业素质可以保证企业具有较好的法律合规意识以及良好的契约精神,保障企业正常、合理、持续地发展,获得合法的经济效益。

第二是偿债能力。企业偿债能力是企业信用状况的最主要表现,也是企业信用评价的首要指标。企业偿债能力既反映企业经营风险的高低,又反映企业利用负债从事经营活动能力的强弱。

第三是营运能力。营运能力是指通过企业生产经营资金周转速度等有关指标所反映出来的资金利用的效率,它表明企业管理人员经营管理、运用资金的能力。企业生产经营资金周转的速度越快,表明企业资金利用效果越好、效率越高,企业管理人员的经营能力越强。营运能力的大小对盈利的持续增长与偿债能力的不断提高产生决定性影响。

第四是盈利能力。企业的盈利能力是企业信用的基础,企业只有盈利,才有可能按期偿还债务。盈利能力是指企业在经营过程中获取利益的能力,是企业管理水平和经营业绩的集中体现。

第五是创新能力。企业的技术创新能力对于形成竞争优势起到举足轻重的作用,其对于科技型的中小企业尤为重要。

第六是成长潜力。成长潜力是推动企业不断前进,改善资信状况的作用力,只有成长潜力大的企业才能保证盈利的持续性,其信用状况才会好。这包括三方面:一是企业所在行业的发展前景,以及企业能否真正从事符合产业发展趋势的供应链运营;二是企业能否获得关键利益相关方的支持,特别是国家政策支持;三是企业自身的成长能力。

第七是信用记录。信用记录是企业以往借贷和履约的状况,它不仅反映企业的偿债能力,同时也客观地反映企业的偿债意愿。我国的信用基础非常薄弱,对中小企业进行信用评价,必须注重企业的借贷渠道、借贷状况以及偿债意愿分析。

值得指出的是在对企业声誉进行评估的过程中,企业主个体的生活行为和要素也是需要关注的重要方面。这是因为中小企业主的个体行为往往对整个企业的运营产生直接影响,也决定了供应链金融中的潜在风险。

4. 供应链金融业务的风险管控机理

供应链金融业务的风险管控机理与传统业务一样分为风险识别、风险度量和风险控制,但是侧重点不同。

(1) 风险识别

风险识别是风险管理工作的第一步,也是风险管理的基础。在这个过程中,银行对可能带来风险的因素进行判断和分类。这部分做法和传统信贷业务基本一致,但识别风险时,要注意与传统业务风险种类的区别。

(2) 风险度量

风险度量则是运用定量分析的方法分析与评估风险事件的发生概率。传统信贷业务有多年积累的数据基础,各银行都有完备的数据库,量化分析时有比较成熟的模型。而供应链金融业务是一个比较新的金融服务领域,数据积累少,且客户群中小企业较多,所以目前并不具备量化模型评估的条件。这就要求银行在供应链金融业务风险度量时注意数据的积累,逐步推进风险量化与模型构建。

(3) 风险控制

风险控制指银行采取相应措施将分析结果中的风险控制在一定范围之内。通常意义上,银行对于风险可采取的措施包括风险回避、风险防范、风险抑制、风险转移和风险保险等。在我国供应链金融业务中,风险转移和风险保险还很不普遍,风险防范和风险控制主要通过操作控制来完成,因此风险控制在此业务风险管理中是很重要的步骤。

5. 供应链金融业务的风险管控手法

(1) 创建独立的风险管理体系

健全的风险管理组织体系是实现全方位、全过程风险管理的组织保障,也是完备的风险管理制度和科学的风险管理流程的基础载体。因为供应链金融信贷业务具有与传统信贷业务不同的风险特征,所以在对其进行风险管理时,要创建独立的风险管理体系。把供应链金融业务的风险管理系统独立出来,可以使风险管理系统的整体运行更有效率。不要用传统的财务指标来约束供应链金融信贷业务的发展,要引入新的企业背景与交易实质共同作为评判因素的风险管理系统。

(2) 审慎选择拟授信的供应链群

供应链金融信贷业务以供应链群体企业之间良好的合作关系为信用风险管理的主线,优势行业与畅销产品是维护良好的供应链合作关系的前提,也是银行有效控制供应链信贷业务信用风险的重要前提。银行应事先选择允许开展供应链融资的行业和产品,将贷前的市场准入作为控制供应链信用风险的第一道防线。

(3) 建立快速的市场商品信息收集和反馈体系

买方市场时代,产品的质量、更新换代速度、正负面信息的披露等,都直接影响着质押商品的变现价值和销售。因此,物流企业和银行应根据市场行情正确选择质押物,并设定合理的质押率。

一般来讲,选取销售趋势好、市场占有率高、实力强、知名度高的产品作为质押商品,并对其建立销售情况、价格变化趋势的监控机制,及时获得真实的资料,避免因信息不对称引起对质押货物的评估失真,控制市场风险。

(4) 强化内部控制,防止操作风险

操作风险主要源于内部控制及公司治理机制的失效。因为贷后管理是供应链金融信贷业务中重要的一步,所以发生操作风险的概率比传统业务要高,这就要求银行成立专门部门负责贷后跟踪与对质押物的管理。

质押物管理环节多由物流公司或仓储公司负责,银行要加强与这些企业的联系,注意对其资格的审查,并且随时进行抽查。

具体地说,就是要督促物流企业不断提高仓库管理水平和仓管信息化水平,并制订完善的办理质物入库、发货的风险控制方案,加强对质物的监管能力。有针对性地制订严格的操作规范和监管程序,杜绝因内部管理漏洞和不规范而产生的风险。

(5) 明确各方的权利义务,降低法律风险

供应链金融业务涉及多方主体,质物的所有权在各主体间进行流动,很可能产生所有权纠纷;加之该业务开展时间较短,目前还没有相关的法律条款可以遵循,也没有行业性指导文件可以依据。因此,在业务开展过程中,各方主体应尽可能地完善相关的法律合同文本,明确各方的权利义务,将法律风险降低到最小。

由于动产的流动性强以及我国法律对抵质押担保生效条件的规定,银行在抵质押物的物流跟踪、仓储监管、抵质押手续办理、价格监控乃至变现清偿等方面都面临着巨大挑战,这一矛盾曾一度限制了银行此类业务的开展。

因此,在尽量避免对"物"的流动性损害的前提下,对流动性的"物"实施有效监控,将是供应链金融服务设计的核心思想。

第三方物流企业在动产抵质押物监管及价值保全、资产变现和货运代理等方面具有优势,除了对贷款后的抵质押物提供全面的监管服务外,还将为银行提供一系列面向提高抵质押物的授信担保效率的增值服务。包括对授信对象所在行业的发展前景及抵质押物的价格走势进行分析,对抵质押物的价值进行评估,及对银行不良资产项下抵质押物的处置变现等。

这些专业化的服务有利于降低银行抵质押担保授信业务的交易成本,为银行的供应链金融服务提供风险防火墙,既拓宽了银行的授信范围,又为供应链节点企业提供了更加便捷的融资机会。

(6) 逐步构建完善的供应链金融风险评估模型

在发展供应链金融业务的同时,也要注意信用评级系统数据库中数据的逐步积累。当今银行风险控制的发展趋势是数量化、模型化,供应链金融作为一项新的信贷业务,风险评估模型更是不可或缺,而构建完善模型的基础就是具有代表性数据的收集。所以银行要注意投入物力人力构建供应链金融风险的评估模型,使此业务今后的风险管理成本减少、更有效率。

(7) 组建专业的供应链融资操作队伍

开展供应链金融业务不仅需要掌握传统融资的方法与技巧,更需要具备创新型融资的知识与技能,以及深层次的从业经验。从事供应链融资,既需要对产品的特性进行深入了解,又需要有卓越的风险分析能力与交易控管能力,以使银行能够掌控供应链金融业务风险。

第5章　供应链金融的盈利模式

5.1　传统盈利模式——利差

5.2　创新盈利模式——交易差

5.3　派生盈利模式——生态服务收入

供应链金融最大的一个命题在于如何盈利,因此盈利模式变得至关重要。金融的最大优势不在于有钱或者能用钱赚更多的钱,而在于金融的本质是杠杆,不仅是资金的杠杆,更是可以利用资金来撬动更多资源来完成整个生态的搭建,并从中盈利。简单地概括,供应链金融有三种盈利模式:利差、交易差和生态服务收入。

5.1 传统盈利模式——利差

在探讨盈利模式之前,我们首先看一看供应链金融在中国的发展变迁,然后从一些节点事件上我们来看供应链金融盈利模式的变化,以及变化背后的金融逻辑。

1999年,深圳发展银行在华南地区开始以"票据贴现"业务最先介入供应链金融领域;2003年,深圳发展银行提出"自偿性贸易融资",推进供应链金融业务;2006年,深圳发展银行加入国际保理商联合会(FCI),全面启动供应链金融线上化工程;同期,民生银行、招商银行、广发银行、浦发银行、兴业银行等纷纷推出供应链金融产品。

2012年春节过后,"钢贸"事件发酵,引爆整个银行供应链金融圈,银行收紧供应链金融业务;2012年6月,商务部同意在天津滨海新区和上海浦东新区进行商业保理试点。

2013年年底,京东"京保贝"上线,供应链金融搭上互联网化思维;供应链金融+金融科技开始兴起,京东金融、蚂蚁金服等纷纷布局;商业保理公司注册数量突破3 000家。

2015年,招商银行率先在国内组建"交易银行部";民生银行、浦发银行、中信银行纷纷设立。

2016年至今,互联网金融、小贷公司、租赁公司纷纷转战供应链金融市场,租赁公司、保理公司注册数量纷纷突破5 000家。

目前的重点是金融科技创新,传统供应链在向在线供应链变革的过程中,有很多问题难以解决,一个主要问题就是交易链条的可视化。现在的解决方案主要就是在以下三个领域:第一是大数据领域,解决的是整个供应链的信息不对称的问题;第二是区块链,解决的是欺诈问题;第三是互联网,解决的是物流可视化的问题,也就是如何真正达成供应链金融四流合一的问题。(图5-1)

图 5-1

从国内供应链金融的发展历史来看,前期主流的盈利模式还是聚焦在利差方面,也就是传统意义上的债权融资。债权融资最关键的要素就是风控,现在有很多银行在推进供应链金融业务上并不是很积极,还有很多互联网金融平台纷纷跑路,其实根本原因就是风控难做。从物流、信息流和资金流的角度分析,供应链金融公司无法对以上三个流进行有效掌控,因而在风险管理过程中面临较大挑战。经常是成功业务赚取的利息,难以填补坏账造成的损失。所以市场上就出现了很多单纯以利差作为营利模式的供应链金融公司,或放弃供应链金融业务,或将公司进行转让。比如说誉衡药业(002437.SZ)于2017年退出互联网金融业务,并附送保理公司。

从银行角度来看,商业银行也不能替代产业链上的企业搞供应链金融。目前,商业银行普遍认识到要围绕核心企业开展供应链金融。但是,还需要进一步认识到,供应链金融需要由产业链核心企业主导,商业银行应该以自身的金融产品为其服务。商业银行不能单方面制订各种供应链金融的资金管控流程,甚至开发供应链金融系统,要求产业链核心企业和上下游客户按照商业银行的流程、系统来开展供应链金融,从而实现商业银行对产业链上资金流、物流的全程监控。任何监管流程和系统,离开了核心企业和上下游企业的全面、有效参与,很容易就会失去意义。例如,对产业链中小企业客户欠了多少钱,怎么支付,只有核心企业自己能够控制。即使核心企业和客户都统一接入商业银行的供应链金融系统,如果交易信息上传不及时、款项支付没有通过系统、货物转移后没有及时登记,那么商业银行设计的整个监控流程就失效了。

商业银行应该为普惠金融建立独立的管理体系。既然普惠金融是商业银行的社会责任,就不能完全按照商业原则来管理。很多核心企业愿意开放自身的供应商客户群,让商业银行自主开展订单融资,但商业银行却往往裹足不前。这种订单融资中,客户数量多且分散,商业银行害怕尽职调查不好做,出了问题没有兜底方。其中的含义,就是商业银行的信贷业务是不能亏损的,是要赚钱的。这是商业银行自身还没有建立普惠金融管理机制的原因。

基于产业链的征信体系建设是关键。中小微企业信贷风险,来自两个方面:一是经济周期波动和企业经营的风险;二是由于信贷业务操作非标准化导致的信息不对称和逆向选择。面对前者,商业银行可以采取"以丰补歉"的方式,以经济周期上升期的信贷收益抵补下降期的信贷损失,以经营状况好的客户的收益抵补经营状况差的客户的损失。尽量减少损失,提高综合收益。面对后者,商业银行要避免在普惠金融管理体系中,基层管理人员和客户利用普惠金融管理机制上的特点,故意制造不良贷款的倾向;需要在政府的引导下,与产业链客户一起构建诚信的金融环境,严厉打击恶意逃废债的行为。

可见,以银行为代表的利差营利模式在当前金融诚信体系还没有完全建立的情况下,利息收益还是很难覆盖风险定价的。所以,作为供应链金融企业,必然需要寻找新的盈利模式。否则,就会出现市场需求旺盛而金融产品供给不足的情形。

5.2 创新盈利模式——交易差

交易差是指供应链金融服务商不收取融资企业资金利息,而是参与到供应链贸易中赚取交易差价的一种盈利模式。该种模式一般应用在订单融资当中。通常情况下融资企业收到核心企业的订单,如果订单量过大,导致融资企业没有足够的资金采购原材料,此时,若采取交易差的模式就会比较容易找到供应链资金的投资。

交易差的盈利模式,本质上是金融机构希望以超过利息差的方式获取更多利润。我们都知道资本是逐利的,所以,在某些利润较高的行业,如果让供应链资金仅仅是赚取一些利差,那么很多资金的积极性就难以调动。因为供应链金融的风控成本相对于其他传统贷款业务会更高,同时风控手续也更为麻烦,尤其是在市场流动性不够充裕的情况下,资金更倾向于利润更高的领域。

作为核心企业的上下游中小企业,在不能有效找到低成本资金的时候,完全可以打开思路接受交易差这种模式。由于固有思维的局限,很多企业还认为金融企业只能赚取资金的利差;而金融机构也很清楚,在限量资金供给的前提下,一定是尽可能追求更大的利益。所以一旦有核心企业的上下游中小企业愿意以交易差的模式与金融机构共享贸易收益,那么这样的企业就更容易获得资金的青睐。从而,在与同行竞争中,这些中小企业就更容易获得更多的核心企业订单。虽然从利润率上说,单笔订单比之前利润更低,但是可以实现"薄利多销"的效果;同时在核心企业的供应商行列中,竞争力可能就会得到增强。一旦企业贸易量增大,也会有一些额外的收获,比如银行授信更多;甚至于在体量、规模更大以后,其自身也可以成为供应链上的核心企业,那么融资问题可能就彻底解决了。

所以,当中小企业在面临融资困境时,不妨站在资金方的角度思考一下这个问题。可是,很多企业会说,与金融机构分利,前提是需要有足够的利润。也许很多企业在资金成本超过年化18或20的时候就已经不赚钱了,如果还与金融机构分利,那么贸易就不赚钱了。的确,本节我们在谈到交易差模式的时候就提到了,其使用场景是在某些利润比较高的行业。传统行业如何提高自己的利润呢?我想这就是企业家需要思考的问题,低利润加融资难最后必然导致企业难以为继。而要想基业长青,只有一条路,那就是创新,让自己的产品为客户提供更多更高的附加值,甚至在同类供应商中,让核心企业对自己欲罢不能,高度依赖,那么不论是市场前景还是融资前景,一定是光明的。

5.3 派生盈利模式——生态服务收入

提到生态服务收入,我们先来了解一下何为供应链金融生态结构。在推行供应链金融活动过程中,各供应链金融利益相关方/参与主体的角色和结构关系,以及它们与制度和技术环境的关系构成了供应链金融生态。供应链金融生态包含四层架构:供应链金融源、供应链金融实施主体、供应链金融资金方、供应链金融基础服务,如图 5-2 所示。

供应链金融源:供应链金融的受益主体主要是依附于供应链上核点企业的上下游中小微企业,通过融入供应链的产、供、销各个环节,借助核点企业信用提升供应链上中小微企业的信用,拓展融资渠道,缓解融资难、融资贵压力。

供应链金融实施主体:在供应链金融发展初期,实施主体主要为商业银行。而在产业互联网大发展的背景下,银行不再是供应链金融产品与服务提供的绝对主体。掌握了供应链上下游企业真实贸易的行业龙头企业、B2B 平台、物流企业等各参与方纷纷利用自身优势,切入供应链金融服务领域。

供应链金融资金方:供应链金融资金方是直接提供金融资源的主体,也是最终承担风险的组织。

供应链金融基础服务:供应链金融的发展需要配套基础设施服务提供方,如区块链技术服务提供商、电子仓单服务提供商、供应链金融信息化服务商、行业组织等。这些企业可以利用自身供应链金融基础服务的优势,链接资金提供方、供应链金融服务方、融资对象等,为整个供应链金融生态圈提供基础服务。

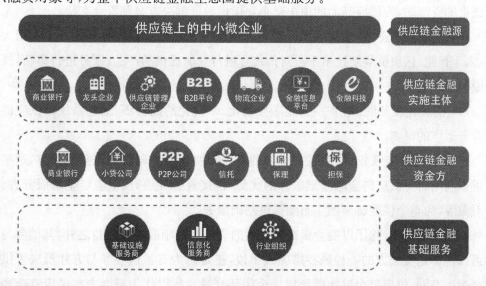

图 5-2

下面我们详细介绍一下供应链金融生态的参与主体,了解其在供应链金融生态中发挥的作用,同时简要说明一下在供应链金融生态圈中其获得生态服务收入的方式。

(1) 商业银行:商业银行针对供应链融资需求企业的实际情况,提供多种模式的融资解决方案。商业银行在资金成本方面具备天然优势,但商业银行的传统金融服务模式一定程度上制约了其供应链金融的发展。

(2) 行业龙头:行业龙头企业依据自身在行业内的规模优势、经济效益优势、带动和辐射优势、竞争优势等,整合供应链上游和下游的中小微企业,链接资金提供方,为行业内的中小微企业提供融资解决方案。

(3) 供应链管理公司:供应链管理公司外包核点企业的非核心业务,整合供应链上下游资源,链接资金提供方,为供应链上下游中小微企业提供供应链服务和融资解决方案,提升了整个供应链的运作效率。

(4) 物流公司:物流公司通过物流活动参与到供应链运作中,通过整合供应链中的物流网络,链接资金提供方,为服务对象提供物流供应链服务和融资解决方案,有利于稳定业务网络,提升物流企业的竞争能力。

(5) B2B 平台:B2B 平台在整个电子商务市场的交易规模一直占绝对比例,是实体经济与互联网结合的最佳载体。目前诸多 B2B 平台也通过链接资金提供方,为平台上下游提供融资解决方案。

(6) 外贸综合服务平台:外贸综合服务平台为中小微企业提供进出口环节的融资、通关、退税、物流、保险等相关服务,平台针对中小微外贸企业发展中的资金问题,开拓了中小企业国际贸易项下的供应链金融。

(7) 金融信息服务平台:金融信息服务平台通过互联网技术链接资金提供方和供应链上的资产端,为供应链上的中小微企业提供融资解决方案和资金支持。

(8) 金融科技公司:金融科技是金融和信息技术的融合型产业,关键在于利用大数据、人工智能、区块链等新技术手段对传统金融行业所提供的产品、服务进行革新,提升金融效率。

(9) 信息化服务商:在供应链金融在线化、平台化的趋势下,信息系统是供应链金融业务运作的灵魂。

(10) 基础设施服务商:供应链金融的发展需要配套基础设施服务提供方,这些企业可以利用自身供应链金融基础服务的优势,链接资金提供方、供应链金融服务方、融资对象等,为整个供应链金融生态圈提供基础服务。

以上参与主体,除了以商业银行为代表的资金方是赚取资金收益之外,其他参与主体可以说都是资金方的一种风控措施或手段,正是因为有了这些参与方才形成了供应链金融生态圈,供应链金融才能形成一个闭环交易。所以作为资金方在供应链金融业务获取收益后,需要向这些参与主体支付服务费或者建立一种合作机制共享资金收益。只有共赢,供应链金融生态圈才能持续良好运转,最后真正让供应链成为共赢链。(图5-3)

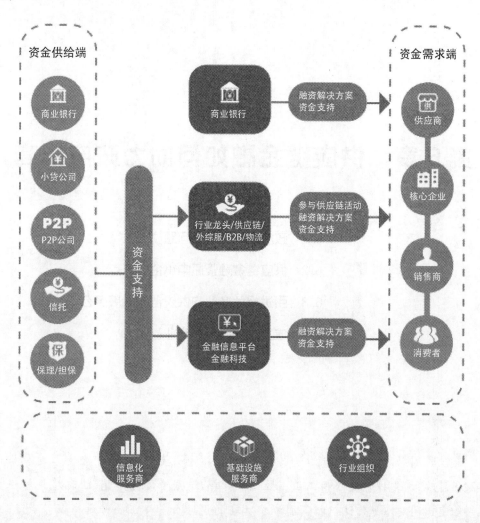

图 5-3

第6章 供应链金融如何助力政府招商

6.1 政府招商现状及问题

6.2 供应链金融紧抓中小企业痛点

6.3 引进相关产业的供应链金融服务公司

6.4 成立供应链专项产业基金

一段时间以来,一些地方为了发展经济,把招商引资作为"重中之重",竞相出台各种优惠政策,各种开发区和工业园区遍地开花,造成资源过度消耗、环境保护压力剧增等突出问题。如何认识招商引资中存在的误区?怎样正确开展招商引资活动?供应链金融在招商引资中能发挥什么作用?这是本章探讨的重点内容。

6.1 政府招商现状及问题

1. 招商引资现状

招商引资是地方经济增长的重要引擎,兼具加快对外开放、突破资源限制、调整产业布局等优点。在中国经济发展新常态下,招商引资工作竞争日趋激烈,土地紧张、资金短缺、劳动力不足、优惠政策乏力等矛盾日益凸显,"后工业化"时代的县域经济发展面临新的挑战和机遇。招商引资应突出工作重点,明确产业定位,借鉴国内外政府及产业园区的成功招商经验,健全工作机制,创新招商服务体系,实行精准招商。

招商引资源于中国在开放政策下所成立的开发区,早期主要集中在吸收制造业的外商直接投资(Foreign Direct Investment,简称 FDI)。中国早期沿海开发区的招商引资所引起的示范效应(如地方经济总量增长、财政收入增长、就业增加、基础设施投入增加、地方官员升迁比例增加等)启发了各地政府官员,随后中国各级政府成立了大量的开发区并开展招商引资活动。

自改革开放以来,中国各地政府为加快本区经济发展,纷纷开展招商引资活动,通过设立开发区和产业园区等专业载体作为地方经济对外开放的窗口,以税收优惠、基础设施配套以及公共服务等措施进行全面的招商引资,创造了许多"经济奇迹"。但随着全球国际化和改革开放的不断深入,在经济发展的新常态下,我国招商引资面临着生产要素约束、投资优惠政策趋紧、政府服务亟待转型以及招商方式需不断创新等一些突出问题。近几年来,多数地区特别是欠发达地区的招商引资工作,倾向性问题是过急过热。具体表现很多,主要有以下几方面。

(1) 声势浩大,实际成果大打折扣。一些地方,各种名目的洽谈会、推介会、文化节令人眼花缭乱;浩浩荡荡的考察团、招商团频繁出行;几十亿、几百亿的引资成果不时见诸报端。在这大张旗鼓的招商活动中,确实有些好项目落了地,开了花,结了果;但更多的却是声势越大,成功率越低,有的地方从签订意向协议到资金到位,成功率不到10%。最近,有研究人员到一个招商引资工作相对低调扎实的 K 县做了一次调查分析,该县五年来共引进千万元以上项目 107 个,除了现在正在运作中的 10 个项目外,97 个项目意向投资额约为 111 亿元。到目前,基本按协议投资并正常运行的项目 27 个;部分履约的项目 24 个,两类项目合计占总项目的 52.6%。资金到位 32.5 亿元,占协议总额的 29.3%。实缴税金和安置劳动力等后续成果,和预期差距就更大了。

(2) 饥不择食,带来低水平重复建设及资源浪费、环境污染甚至上当受骗的恶果。有的地方引项目考察不严,招客商不分优劣,"挖进篮子就是菜",造成很多项目半途而废,或得不偿失。中部 H 市引进了工业硅项目,粉尘排放严重超标准,政府帮助贷款

1 000万元装上了除尘设备,但时开时停。工厂上空烟尘滚滚,周围群众怨声载道。A省粮食加工、畜禽加工项目发展很快,但大豆、水稻、小麦加工能力已经过剩,再加上分布不合理,仓储和运输能力不配套,产品和工艺雷同,资金不足,致使一些企业难以达产达效。由于论证不够,招商过程中上当受骗的事例也屡见不鲜。中部B县和县内一家大公司联合引进了国外一个纺织工业项目,县里无偿提供了价值3 000多万元的土地,本地公司筹措了一亿多元资金,国外公司运来了号称价值一亿多元的设备,开工投产后不久就遇到设备陈旧和产品难以达到质量标准的尴尬,被迫停产。C县在招商中遇到一个"能人",带着一堆材料,表示要投资几十亿元在该县设立公司,在蒙古开采石油,县领导和金融部门积极配合开展前期工作,结果被骗去了近千万元。D县国有养殖场濒临倒闭,一外地客商表示要出资一千多万元收购,签协议时只交了十万元,其他款项约定了付款和办理承债手续的时限。政府为了表示诚意,提前办理了土地过户手续,结果这个客商以土地使用证作抵押,到银行贷款400万元,后续投资分文没有兑现。

(3) 优惠无度,在争抢项目过程中付出了高昂的经济和政治代价。欠发达地区招商引资,从优惠政策到工作费用,付出高于发达地区的成本,是可以理解的无奈之举。但是,诸如"零地价""零收费",税收"免二减三",补贴厂房设备资金之类的优惠政策大比拼,不但超越了国家法规政策的底线,而且损害了本地政府和群众利益,使部分财政资金、国有或集体企业的资金、动迁居民的补偿资金变成了投资商的超额利润;影响了外来客商和本地企业、工商巨头和中小企业之间的平等竞争;某些靠优惠政策吃饭的投资商在法律边缘招摇撞骗,获取"灰色利润",扰乱了市场秩序;超额利润的增加,加剧了分配不公,扩大了贫富差距;超越法规和政府权限的优惠、畸形的"亲商",影响了政府的公众形象,也容易催生权力寻租之类的腐败现象。中部D市有个商人,用一个据说可以提取抗癌药物的诱人项目到三个县(市)游说,无偿获得了10万多平方米的土地;通过财政担保获得了上千万贷款,还得到一些无偿的项目资金。但是,四年过去,项目基本没有进展。这类游走在法律边缘的商业欺诈行为显然与政府在招商过程中优惠无度的行为是一对孪生兄弟。

(4) 重商轻民,造福百姓的主旨不能充分体现。有的地方过分强调"投资者是上帝",过分重视投资规模的扩大和GDP、财政收入的增长,忽视群众利益的保护和福祉提升。如:在征地补偿、居民动迁、出售企业的职工安置、员工录用和待遇等方面,过分偏袒投资方;为保证企业原料,强制农民种植收益较低的所谓"经济作物"或限制农民自由出售农畜产品;在项目选择上,对群众生产生活环境的保护问题重视不够,等等。从统计数据看,很多地方城乡居民收入的增幅明显低于经济增长幅度。如:中部F省近两年的经济总量增幅就分别比城镇居民收入和农民人均收入增幅高49.1和48.4个百分点;财政收入增幅分别比两类收入增幅高64.0和63.3个百分点。中部G县的经济总量增幅分别比两类收入增幅高16.6和8个百分点;财政收入增幅比两类收入增幅高105.4和96.8个百分点。

(5) 高压紧逼,催生形式主义、虚报浮夸之类的不良风气。一些地方不但制订了对招商引资有功人员在职务晋升、子女安排等方面诱人的奖励政策,还通过大会通报、排列名次等办法督促下级全力抓招商引资。各级政府的责任状,招商引资的比重都比较大,一般要占考核总分的20%到30%;很多县(市)还给各部门下达了招商任务。有些地处偏僻的乡镇,缺少吸引投资者的客观条件,但多数地方仍下达二三百万到一两千万的引资任务。为了完成任务,除了前边所说的血拼优惠政策以外,往往还要对一些数据做"技术处理",对负责考核的部门说情送礼,有的乡镇或部门甚至"出钱买资",即到已经超额完成任务的单位"买"来一部分指标,应付上级考核。

(6) 人文环境欠佳,难以形成安商富商、以商招商的良性循环。有些地方在招商过程中,夸大本地优势,掩饰自身不足,轻率许诺一些很难兑现和落实的事项,但却没有在提高服务水平和公民素质,营造良好环境以及各项承诺的跟踪落实上下功夫。投资商满怀希望而来,干了一段时间后却发现,原来想象的投资乐园,事事需要东跑西找,处处需要求人变通;或明或暗的摊派收费、打通"关节"的"银两"、个别执法工作人员的"吃拿卡要",甚至超过了政府给予的优惠。伤心失望之后,或撤资走人,或以"灰"对灰,想办法从其他渠道把额外支出补回来。损失最大的还是本地政府和老百姓。

2. 招商引资环境

(1) 新常态下招商引资面临的形势

① 增长方式面临新常态

中央经济工作会议在阐述我国经济发展新常态特征时,对消费、投资、出口"三驾马车"拉动作用的定位分别是:基础作用、关键作用、支撑作用。当前,全国大多数地方仍处在工业化发展的中期,投资拉动仍具有关键作用,必须坚持工业立市(县)、强市(县)不动摇,从要素驱动、投资驱动转向创新驱动。因此,必须加快培育现代产业新增长极,适当调整招商引资着眼点和着力点,加大以新兴产业为主的招商力度。

② 生产要素面临新常态

土地资源。与以往相比,新常态下招商用地需求面临三个方面的制约:一是产业招商零地价政策取消;二是可用土地资源越来越少,工业用地成本越来越高;三是土地出让金减免和先征后返的政策被明令禁止。适应新常态,积极破解土地瓶颈制约成为产业招商面临的新课题。

生态环境。一方面,我国经过30多年以资源红利和人口红利为主的经济增长,环境承载能力已经达到或接近上限,国家控制能源消费总量、淘汰落后产能的力度将越来越大,势必对新常态下的产业招商工作带来深刻影响。另一方面,国家为顺应人民群众对良好生态的期待,积极推动形成绿色低碳循环发展新方式,必将出台新举措,这些举措将为新能源及节能环保产业招商提供机遇。习近平主席明确提出,"绿水青山就是金山银山",其实这就招商引资领域新的明确方向。

资金。新常态下,国家从限制主体、限制用途、限制规模、限制方式、控制风险等五个方面,对地方政府举借债务做出了限制性规定。地方政府举借债务只能用于公益性资本支出,不得用于经常性支出,因此,今后各级地方政府用于支持招商引资的预算内资金将被取消,政府掌握的可用于推动产业招商的资源越来越少。

(2) 国家宏观发展战略对招商引资的要求

① 供给侧改革对招商工作的引领

在供给侧结构性改革的大方向下,招商引资工作应顺应结构性改革的需要,围绕中央经济工作会议提出的"五大政策"和"五大任务",着力从数量招商向质量招商转变,从优惠政策吸引向优化环境吸引转变,从要素招商向服务招商转变,从企业招商向产业招商转变,从满园招商向优选招商转变。围绕这些理念,做好顶层设计,提升招商引资质效,发挥招商引资助推经济的作用。

② "互联网+"推动招商模式不断创新

2010年以后,中国经济的突出特征之一是互联网与传统产业加速融合,"互联网+"的业态模式对招商工作产生了深远影响。在北京、上海、深圳等地,出现了由风险投资者主导建立的"创客空间",如北京的"创新工场"、上海的"新车间"、深圳的"柴火创客空间"等。"创客空间"与传统的"孵化器"相比,在项目选择方面有更强的市场导向,风险投资者基于自己的经验和对行业发展的判断,选择入驻项目,无须政府招商部门干预。政府在"互联网+"的业态模式下无法控制招商工作的细节,市场化的招商主体发挥了更加积极的作用。在"互联网+"的影响下,存在着无数可能的创新方向,互联网对每一种传统产业的渗透,都会产生一种全新的、效益未知的商业模式,对外表现为前所未有的新型投资项目。

③ 国家区域发展战略加速生产要素的跨区域整合

除西部大开发战略之外,2014年前后,国家不断推出一系列区域发展战略规划,如上海自由贸易试验区、长江经济带、京津冀协同发展、"一带一路"等。这些战略的实施不断加速产业转移和生产要素的整合,资本跨区域流动、跨所有制合作日益频繁,外商投资"西进北上"步伐逐步加快,产业投资由沿海地区向中西部地区、由大城市向城市郊区与周边地区的转移十分明显。

(3) 产业发展政策和投资优惠政策的机遇与挑战

① 产业发展政策方面:因产业政策可以稳增长,有利于延长经济周期,降低宏观调

控给经济造成的"副作用",各地政府为扶持特定产业发展,根据宏观经济发展趋势以及国家发展规划,出台针对产业或特定地区发展的扶持政策。自2016年以来,国务院出台了8项重量级的产业发展政策,涉及建材工业、通用航空业、盐业、医药产业、钢铁业、煤炭业等。这些政策为各产业打开了更为广阔的发展空间,有利于稳增长、调结构、促改革和惠民生;同时,也为招商引资提供了产业导向。通过享受政策红利,各地可根据其资源条件,向政策性产业增加资本投入,形成一批具有核心竞争力的企业集团。

② 投资优惠政策方面:各地政府为提高对外来资金的吸引力,通过各种方式向投资企业承诺各方面的优惠条件,通常通过直接或间接的方式对投资企业提供经济支持。主要表现为:一是通过税收奖励和税收返还的政策,从政府的角度向投资企业让渡利益;二是为投资企业使用土地及相关资源提供便利,为企业节省投资成本;三是通过引进战略投资者的方式,引导投资企业参与国有企业改组、改制;四是为投资企业进行项目融资、立项审批等方面提供绿色通道,为加快投资企业融入本地经济环境提供全方位支持。

(4) 生产要素开始向中西部地区转移

近年来,我国区域经济发展格局正在发生深刻调整,长三角、珠三角、环渤海等东部沿海地区资本相对饱和,加之土地、劳动力、能源等要素供给趋紧,资源环境约束矛盾日益突出,外延型发展方式难以为继。而中西部地区基础设施逐步完善,要素成本优势明显,再加之国家对中西部发展的政策倾向,产业发展空间较大。在此背景下,推动东部沿海地区产业加快向中西部地区梯度转移,形成更加合理有效的区域产业分工格局,已成为促进区域协调发展的政策取向和重要任务。这为西部地区招商引资、加快发展提供了良好的潜在性发展机遇。

(5) 招商主体中市场力量将更加活跃

我国地方政府在招商引资中一直处在主角地位,但随着全球范围内招商引资竞争日益激烈化,我国的招商引资由计划经济和半计划经济进入买方市场下的过程经济,招商引资主体中市场力量逐渐活跃。在市场经济逐步完善、社会发育程度逐步提高的背景下,政府在招商引资中的重新定位越来越具有迫切性,政府应当由招商引资主体变为招商引资服务提供者。随着政府购买服务的普及,为使生产要素得到优化配置,市场中的新兴力量将更加活跃地参与招商活动。

3. 招商引资的发展趋势

(1) 招商理念:由"政策招商"向"环境招商"转变

自从《关于税收等优惠政策相关事项的通知》实施以来,各地招商优惠政策不断趋紧,依靠土地、税收优惠等的传统招商模式,已失去优势。因此,各地政府发挥公众服务能力的作用将得到充分体现,对国外招商经验的总结发现,政府主导的服务能力、保护性政策等是招商成功的关键。随着行政体制改革、简化审批、权力下放,政府原有的管理模式和职权都发生了根本性变化。政府的服务应该从微观转向宏观,应着力创新公共服务体系,进行制度建设,提升城市的投资环境,优化资源流入区域的"硬环境"和"软环境",使招商由"政策招商"向"环境招商"转变。一方面,优化开发区、产业园区等载体的基础设施建设,给投资者和创业者提供良好的硬件环境和产业配套条件,以提高招商引资的竞争力,吸引更多优良项目入驻生根,形成产业聚集效应。另一方面,通过提升服务水平等措施,优化招商"软环境"。

(2) 招商导向:由"项目导向"向"产城融合"发展

近年来,中国出现了"产城分离"的现象,以产业项目为主的产业园区与以房地产项目为主的城市新区出现了分离,"有产无城"和"有城无产"现象同时存在。一方面,地方政府举债建设的高能级产业园区由于缺乏人口导入而无法实现规划目标;另一方面,被地方政府寄予厚望的城市新区由于缺乏产业支撑而面临"物业空置"的尴尬。面对上述境况,越来越多的地方政府提出了"产城融合"的发展战略,在吸引产业项目落户的同时,完成新城区的人口导入,实现"招商"与"招民"并举。这需要地方政府按照"以人为本"和"系统经营"的观念去推进城市产业发展与优化。"产城融合"要求地方政府在区域规划的基础上,系统地安排本地区的招商项目和人口导入,使招商项目与人口结构相匹配,这无疑对地方政府的招商工作提出了更高要求。

(3) 招商方式:从粗放式招商向集约式招商转变

自改革开放以来,随着招商方式的逐步演进,地方政府招商引资开始从只重数量到看重质量,从粗放到集约,从忽略项目结构到优化项目结构,从盲目招商向科学招商转变,不断创新招商方式,如常见的委托招商、以商招商、产业招商、项目招商、飞地招商、产业链招商等,不断推动招商引资工作向纵深发展。其中,产业链招商和以商招商成为各地越来越重视且效果明显的招商方法,按照本地产业结构和资源禀赋,构建产业招商地图,做好招商引资的顶层设计,按照产业链条吸引企业入驻。精心包装项目,增强项目投资吸引力,实现从引企业向引产业转变,从产业集聚向产业集群转变,抓住产业链中缺失和关键环节招项目,达到引进一个项目、带动一个产业的目的。为了从资本市场争取更多份额,成立专职部门,下拨专项经费,安排专门人员,工作人员也逐步专业化和专家化,招商引资的组织运作方式亦日趋规范化、国际化。在招商形式上,举办或参加各种行业内的高端产业论坛、项目对接会、研究项目座谈会、产业发展峰会、展览展示会等,搭建各种平台促进招商引资工作开展。例如在区域内创立产业发展联盟、投资基金、公共服务平台等,作为吸纳项目和资本的"软实力"和服务性平台。

(4) 招商载体:由综合开发区向专业园区转变

开发区作为中国招商引资的原始载体,现倾向于发展单一行业,在经历综合化阶段、功能化阶段后,已经转变到专一化发展阶段,如不断涌现的各类园区:科技园、工业园、物流园、创业园等。各类经济园区是地方政府开展招商工作的主要载体。园区发展从模式特征、产业结构和招商主体的角度来看，不断趋于市场化和专业化，经历了从政府主导下的土地出让、产业低端化、园区管委会是招商主体到"政府招开发商，开发商招项目"，招商产业侧重于高端制造业和生产性服务业，在建设产业项目的同时注重人口导入，着力推动"产城融合"的转变，专业化的园区开发团队主导了这个阶段的招商工作，地方政府则专注于区域公共服务的供给。另外，园区的功能和服务内容不断扩充，道路交通网络、供水供电、绿化亮化、煤气热力等配套工程硬件设施不断完善、升级。在服务方式上，许多成功园区树立"亲商、安商、富商"的理念（如江苏昆山经济技术开发区，泰钢不锈钢生态产业园等），努力创造条件，为园区投资者提供优质服务，服务内容涉及企业注册、创业指导、人才培训、融资等，提供"保姆式""全程式"帮包服务。招商引资的成功经验也体现出园区完善的软硬件环境和一站式服务能力是招商成功的关键。

（5）招商内容：从传统产业向新兴产业领域拓展

战略性新兴产业是技术密集、资源消耗少、成长潜力大、综合效益好的产业，对一个地区经济长远发展具有重大引领带动作用。培育和发展战略性新兴产业是各地政府转变经济发展方式的必然选择，也是实现可持续发展的根本途径。近年来，机器人、新能源、新材料、高端装备制造等战略性新兴产业以及金融（融资租赁、PPP、创业投资、引导基金、私募股权投资）、航运、医疗、养老、教育等现代服务业，以及"互联网＋"与各产业的融合等，都在以不同方式与国内外企业开展合作，已成为各地招商引资争抢的热点。随着新兴产业领域招商的发展，对我国自主创新、区域合作创新以及创新型高端人才也提出了更高的要求，因此，新兴产业领域的招商更加体现了招商引智以及以产业为主体的整合资源综合服务性招商的重要性，应充分利用园区等孵化器的产业集群优势、资源优势、产业基础，以壮大龙头企业带动战略新兴产业的集群发展。

6.2 供应链金融紧抓中小企业痛点

上一节我们对政府招商引资的现状做了一个系统的阐述，本节我们将从金融的角度分析供应链金融如何助力政府招商引资。我们都知道，不论政府还是公司、个人，做事都想事半功倍，而不是事倍功半。所以这里面就涉及招商引资的技巧问题。上一节谈到招商引资的趋势时也有说到，招商引资要向环保化、产业化、集约化、专业化和科技化方向转型。怎么做到呢？我们先看招商引资做得比较好的江苏省，其实在江苏省某些地市已经实现了上述五大趋势。我们以南京市为例。

南京市政府实行产业链招商，实施"基地型""龙头型"高端战略，制定了汽车、电子、信息、化工、医药等五大产业沿江发展战略，每个产业都以重大项目为抓手，每个开发区重点发展一两类产业,集中力量攻关基地型、龙头型项目。

如汽车工业园区以福特汽车项目为核心,专门成立攻关领导小组,市领导亲自挂帅,一抓到底。以汽车产业为主的南京江宁开发区,现已成功引进了美国福特、意大利菲亚特、南汽跃进、日本森田等一批汽车制造企业,未来几年内生产能力将达到100万辆,产值将超过1000亿元。这些全球大型汽车生产跨国公司落户江宁,引起大批跨国公司汽车零部件企业的关注,已有近百家汽车配套商来江宁开发区考察,预计这里将形成800~1000家汽车配套产业规模。通过龙头项目相关产业的横向拓展和协作配套,吸引外资形成关联度较高的产业集群和企业集群。

这就是一个非常好的产业化、集约化的招商案例,俗称"一锅端",有点像《孙子兵法》里说的,擒贼先擒王。当然,南京作为知名省会城市,有一定的优势。但外因只能起次要作用,内因才是关键要素。正如毛主席说的,"政治路线确定之后,干部就是决定的因素"。每个地方如果认真分析,都可以找到自己的优势产业。现代经济史上,像韩国、新加坡都属于没有什么资源优势的,但他们都因为招商引资做得好,都发展成了发达经济体。

据说,1972年,新加坡旅游局给时任总理李光耀打了一份报告,说新加坡不像埃及有金字塔,不像中国有长城,不像日本有富士山,不像夏威夷有十几米高的海浪,除了一年四季直射的阳光,什么名胜古迹都没有,要发展旅游事业,实在是"巧妇难为无米之炊"。李光耀看过报告后,在报告上批了这么一行字:"你还想让上帝给我们多少东西?阳光,有阳光就够了!"后来,新加坡利用一年四季直射的阳光,大量种植奇花异草,名树修竹,在很短的时间里,就发展成为世界上著名的"花园城市"。此后,连续多年,旅游收入列亚洲第二位。旅游虽然不能严格称为招商项目,但引来外资到当地消费,也可以说是引资的一种方式,至少可以拉动GDP的增长。这里引用李光耀的故事,是想说明领导人的思路很重要,一个好的思路就能带动一个产业的发展。

市场经济环境下,顾客就是上帝。而在招商引资领域里,也可以把招商引资对象——企业比喻为政府的客户。要想客户满意,首先要了解客户的需求尤其是痛点。我们一再强调,融资难、融资贵是中小企业最大的难题。而解决中小企业融资难题,既有利于核心企业更加有效运转,又能提升整个供应链的竞争力。所以,如果政府园区能够在规划产业方向时,把该产业的供应链金融配套政策也设计进来,那么,不论是对产业链上的大企业还是上下游的中小企业,无疑都是极具诱惑力的。

而中央政府对此也高度重视,并颁布相关政策引导地方政府实施。2018年4月18日,商务部、工业和信息化部、生态环境部、农业农村部、人民银行、国家市场监督管理总局、中国银行保险监督管理委员会和中国物流与采购联合会等8部门,于商务部网站联合发布了《关于开展供应链创新与应用试点的通知》(以下简称《通知》),提出在全国范围内开展供应链创新与应用试点。

《通知》是根据此前印发的《国务院办公厅关于积极推进供应链创新与应用的指导意见》(国办发〔2017〕84号)的精神,旨在通过试点打造"五个一批",即创新一批适合我国国情的供应链技术和模式,构建一批整合能力强、协同效率高的供应链平台,培育一批行业带动能力强的供应链领先企业,形成一批供应链体系完整、国际竞争力强的产业集群,总结一批可复制推广的供应链创新发展和政府治理经验模式。通过试点,现代供应链成为培育新增长点、形成新动能的重要领域,成为供给侧结构性改革的重要抓手,成为"一带一路"建设和形成全面开放新格局的重要载体。

简单概括一下,一个供应链,两个试点:试点城市、试点企业。根据《通知》,此次试点工作将在城市与企业之间分别展开。试点城市的主要任务,是出台支持供应链创新发展的政策措施,优化公共服务,营造良好环境,推动完善产业供应链体系,并探索跨部门、跨区域的供应链治理新模式。试点企业的主要任务,是应用现代信息技术,创新供应链技术和模式,构建和优化产业协同平台,提升产业集成和协同水平,带动上下游企业形成完整高效、节能环保的产业供应链,推动企业降本增效、绿色发展和产业转型升级。试点实施期为两年。

所以,不论是从市场需求层面,还是从政府政策层面,地方政府都要用好供应链金融这把利剑,在招商引资的新形势下,把握机会,把招商引资的工作做得更好、更有效率、更加可持续,以此更好地推动地方经济发展。

6.3 引进相关产业的供应链金融服务公司

很多政府在制定适合当地发展的产业战略时,都做得很好,但最后实施起来却常常目标达不到,甚至不了了之,导致很多资源浪费。甚至部分先行引进企业在整体商业氛围起不来的时候,因为交易成本、配套成本等问题,最后又无奈迁出当地。而一个好的地方商业环境,则会形成以商带商、老商带新商的局面,最后形成产业聚集。所以,地方政府在考虑减税、土地租金优惠等问题时,要加强对流动资金问题的关注。所有企业都希望把规模做大,利润做大,但要想做大,必然需要金融加杠杆。这个杠杆怎么加?实际就是考验地方政府的智慧。企业加杠杆有两种方式,要么股权要么债权。相对于大部分中小企业来说,股权融资就像天上的嫦娥,可望而不可即;而银行的贷款针对中小企业又有很多限制,所以开辟新的融资通道就成了中小企业的救星。

供应链金融的出现正当其时,供应链创新试点政策恰到好处。金融作为服务实体经济的重要手段,应该在招商引资活动中配套进来。以前的思路大多是纯实业引进,或者把金融与实业隔开,金融就集中搞一个金融城,而且很多地方的县级城市都认为金融属于高端产业,当地人才匮乏,所以很少在这方面下功夫。这也是时至今日中国内地与沿海金融资源严重不匹配的根本原因。引商容易安商,正如创业容易守业难,是一个道理。

但金融行业资源在沿海等发达城市过度集中,导致金融业在发达城市的竞争出现白热化,红海已是必然趋势,所以金融也需要寻找新的市场。很多供应链核心企业渴望参与到供应链金融服务中来,但很多苦于缺乏这方面的专业人才,心有余而力不足。此外,很多供应链金融的专业服务机构希望寻找核心企业进行战略合作。由此可见,男大当婚女大当嫁,中间只是缺少一个媒婆。作为招商引资的政府,完全可以将这个媒婆的角色扮演起来,一方面把供应链金融公司的资金和专业引进来,另一方面把核心企业的数据和资源以及上下游客户吸引过来,可谓是一箭双雕,一石二鸟。

地方政府也可以按照供应链试点城市的标准进行深度布局,真真切切地本着服务产业的态度把工作做扎实。企业的眼睛是雪亮的,哪里的政府是真的在为招商引资出谋划策,哪里的政府只是趁着热点做表面文章,一来二去交流几次,大家都心知肚明。尤其是针对一些内地市县的政府,在承接沿海一带产业转移的时代背景下,这是非常好的一次机遇。但是工作必须做细做实,真正贴合金融企业和实体企业的需求,接地气才有未来,才能事半功倍。

重庆前市长黄奇帆在2018年的一次演讲中明确提到:按照当前中央供给侧结构性改革要求,在发展新产业、培育新动能方面要有新作为,有以下几个方面工作可以共同努力,相得益彰。

一、围绕产业链形成集群化发展格局。按照理论,集群式发展不仅可以使产业链上的上中下游企业之间的资源要素实现有机整合,避免行业内的供需错配,使供给更加精准有效,还能通过产业链条上生产技术和工艺的良性竞争,推动企业不断创新,促进优胜劣汰,延长产业的寿命周期,实现产业能级的快速跃升。更具现实意义的是,能够有效降低物流等成本,补齐创新等短板,形成核心竞争力。具体方式上,要推动上游、中游、下游的产业链集群;促使同类产品、同类企业扎堆形成集群;围绕制造业形成生产性服务业和制造业集群。

二、发展产业链金融、物流供应链金融和互联网金融。真正围绕实体经济发展需要,形成有特色、有质量、有成效、有辐射和集聚能力的区域金融中心,将是未来各大城市金融发展的关键。在金融领域,未来几年要重点瞄准产业链金融、供应链金融和互联网金融。

产业链金融、供应链金融这两类金融,以上中下游垂直的供应链企业为服务对象,以龙头企业、核心企业的资本信用和供应链的预付账款、存货、应收账款质押信用"量体裁衣",市场化的资源优化配置起决定性作用,各行各业的产业链形成金融服务体系。

互联网金融则是利用互联网技术实现资金支付结算、投资融通和信息中介服务的新型金融业务模式。

由此可见,发展供应链金融已经成为一种共识,或许在接下来的时间里,各地政府招商引资会把供应链金融作为产业配套的一种标配。

6.4 成立供应链专项产业基金

当前我国经济步入"新常态",寻找经济中长期增长新动力成为促进经济成功转型的关键环节。与2008年将4万亿元投资于基础设施建设来刺激经济不同,本轮经济调整更倾向于在供给端深化改革,其中推进战略性新兴产业发展、促进"大众创业,万众创新"发展是重要诉求,而产业投资必将是其中重要一环。在此背景下,政府引导基金被中央及地方政府视为推动产业优化升级、调整经济结构的有力工具。

1. 发展现状

政府引导基金是由政府与社会资本共同发起设立的政策性基金,用于增加股权投资的政府资金供给,克服单纯通过市场配置股权资本的市场失灵问题,促进创新型企业股权融资,发挥财政资金的杠杆放大效应,实现发展战略新兴产业、优化产业结构、加快我国经济转型的目的。

从行业发展历程看,2014—2016年政府引导基金规模均呈现井喷式增长,到2016年全国设立引导基金千余只。这两年新成立政府引导基金442家,目标募集资金共36 001亿元,而2015年仅有15 090亿元,同比增长139%。相比来看,过去数年政府引导基金直到2013年,规模只有730亿元,近三年来政府引导基金规模可谓几何级增长。

政府引导基金聚焦投资于产业,促进供给侧改革作用显著。相比2008年投资基础设施拉动经济需求端,政府引导基金更像政府投资的升级版,通过股权投资推进供给侧改革,实现供给端产业结构调整及升级,从其更多聚焦在七大战略新兴产业、生产性与生活性服务业可见端倪。

同时,还优化了财政促进产业发展扶持方式。过往财政对产业支持更多通过无偿拨款方式,但受限于政府行政审核项目能力,投资项目分散无法达到优质绩效,被投资企业也不能形成产业引领作用;同时财政资金通过无偿拨款也不能实现资金滚动投资,另有部分企业巧立名目,常出现多报冒领及灰色交易现象。而优秀的政府引导基金多采取母基金股权投资方式带动社会资本先后跟进投资,缓解创新企业发展初期资金不足问题的同时,充分放大财政资金产业引导作用。另外通过投资项目的IPO退出或者股权转让获取收益,进一步增加政府引导基金规模,推动财政资金良性循环使用。

2. 设立意义

(1) 引导社会资金集聚,形成资本供给效应

引导基金的设立能够有效地改善企业资本的供给,解决企业投资的资金来源问题。

(2) 优化资金配置方向,落实国家产业政策

政府引导基金的投资对象以创新型企业为主体,起到引导和带动社会资本对高科技创新企业的投资作用。通过设立政府引导基金,以政府信用吸引社会资金,可以改善和调整社会资金配置,引导资金流向生物医药、节能环保、新能源与新材料等战略性新兴产业领域,培育出一批以市场为导向、以自主研发为动力的创新型企业,有利于产业结构的调整升级。

(3) 引导资金投资方向,扶持创新中小企业

政府引导基金有一个较强的政策导向——扶植极具创新能力的中小企业。目前,国内很多创业投资机构及海外基金均出现投资企业阶段不均衡的特点,多倾向于投资中后期的项目,特别是已经能看到上市前景(Pre-IPO)的企业更是如此。而处于种子期与初创期的企业具有很高的风险,它们正处于生死存亡的关键时刻,却很难吸引到资金的投入。处于创业初期的企业存在融资困难,而处于创业中后期的企业资金供给相对过剩。通过设立政府引导基金,引导社会资金投资处于初创期的企业,从而促使一批极具创新能力、市场前景好的初创期企业快速成长,为商业化创业投资机构进一步投资规避一定的风险,引导其后续投资,用"接力棒"方式将企业做强做大,最终实现政府目标的创业投资机构和商业化的创业投资机构共同发展,建立起政府资金和商业资金相互促进、相互依赖的创业投资体系。

(4) 引导资金区域流向,协调区域经济发展

市场机制的作用会扩大地区间的创业投资资源不平衡现象,经济条件优越,发展条件好的东部地区,越容易获得创投资本;而经济条件恶劣,发展落后的中西部地区,越难获得创投资本。创业投资资本分布的不平衡进一步扩大了区域经济之间的差距。通过设立政府引导基金,引导社会资金投资于中西部地区,争取更多的中西部投资项目,有利于缓解区域间经济发展不平衡,对促进区域经济协调发展具有重要的推动作用。

3. 当前主要问题及根源

投资效果:从中央到地方,政府引导基金都有大量结余未使用,这部分资金"沉睡"在商业银行变成了定期存款。如至2015年年底,中央财政设立的13项政府投资基金募集资金中,有1 082.51亿元(占30%)结存未用。抽查地方6项基金发现,其中66%转作银行定期存款。

产业引导基金结存严重,究其原因,主要有以下几点:

(1) 有隐情。政府引导基金在2014年开始接连暴增,源于2014年财政部的清理存量政府财政资金并收回统筹安排以及2015年清理财政补贴的相关规定,相关部门为了保住资金,在财政扶持产业发展资金分配方式改为"拨改投"环境下,一线城市迅速设立引导基金后,二三线城市甚至县区政府也均迅速跟进,短期形成大规模政府引导基金。从财政政策来看,中央倒逼地方政府资金转变资金使用方式,而政府引导基金便是给地方政府资金预留的出口。

(2) 花不完。基金设立规模不应该基于政府意愿和财政出资能力,而更多应该视当地经济发展情况和创业项目储备而定。

经研究模拟测算:假设当地前20%企业属于优质企业,其中有10%～30%企业有股权融资需求及意愿,引导基金下专项基金对母基金进行4倍杠杆放大作用,而专项基金由于参股不控股而投资企业股份低于30%,则母基金总计可以覆盖相对于自己体量200倍以上的经济体量。举例来说,某省份2016年GDP接近2万亿元规模,其省级引导基金为2 000亿元规模,按以上逻辑测算投资可覆盖40万亿元经济体量,远远超过其可覆盖范围。部分县区级政府甚至设立100亿元以上政府引导基金母基金。大量资金涌入进行股权融资,必然导致资金结余。

(3) 不敢花。政府极为重视资金安全性,核心关切的可能并非收益,而是不能出风险,关注国有资产保值增值,严防国有资产流失。另外有一大部分原因是引导基金还未有足够专业能力可以把钱投出去、管得好。

(4) 可投项目匮乏。目前各地政府引导基金都会对投资地域和行业做出严格界定。如有的地方原规定"专项基金投资于本地企业的额度应不低于总规模的80%",而全国产业投资活跃区域如深圳、苏州(苏州工业园区项目储备超过1 000个)等城市并不多见,这既增添了寻找优质项目的难度,也导致部分优秀市场化投资机构不敢与引导基金合作。

4. 供应链金融产业引导基金

产业引导股权投资基金具有"四两拨千斤"的功效,一般会产生1:3或1:4甚至更高的杠杆比。政府出资30亿元,凭借良好信用,通过杠杆撬动,可吸收100多亿元社会资本参与,整个投资基金规模就会变成150亿元。这种放大效应,使财政资金可以更多投入到各种技改、科研成果产业化过程中,还能推动企业重组和并购。同时,股权投资基金本身是一种市场化选择机制,具有优胜劣汰功能,由基金管理人选择项目投资,总体上会选到技术含量高、市场前景好的优质项目,从而助推产业结构调整和优化升级,是一种优秀的招商方式。

在招商引资中,要把是否有利于产业结构调整和带动就业作为重要条件,要确定"三不招""五不搞"原则:不符合产业政策的不招,过剩产能和产出强度不达标的不招,环保不过关的企业不招,避免了"捡到篮子都是菜"。与此同时,不搞血拼优惠政策的"自残式"招商,不搞众筹招商,不搞P2P招商,不搞炒地皮,不搞炒房招商,防止招商引资的恶性竞争和乱象。

2017年11月15日,深圳市福田区供应链科技金融协会和深圳市正轩投资有限公司、赛富亚洲投资基金管理公司三方签约(图6-1),宣布发起筹备成立1 300亿元的供应链产业基金。产业基金分三到五期分步到位,逐步推进,遵循国家的法规和金融政策,为深圳市供应链行业提供金融助推力,为深圳的科技创新和经济结构调整提供创新的金融服务。该协议的签订意味着福田区供应链专项产业基金将应运而生,该基金的成立将有效解决一定数量的企业融资难融资贵问题、提升资金效率、拉动实体经济增长,形成万亿级别的产业生态圈,带动商品交易市场、金融交易市场,盘活15万亿存量的供应链金融交易市场,产业基金推动福田供应链企业快速发展。

图6-1

深圳作为改革开放前沿城市,大公司多,产业多,金融资源聚集,所以产业基金规模也大。而内地很多县市政府没必要像深圳一样,可以小步慢走,先小规模地搞起来。但是在实践过程中,我们发现很多政府由于专业上的缺乏,最担心的就是国有资产流失,在推动供应链产业基金的落地方面态度遮遮掩掩,所以导致供应链金融这把有效的工具始终难以发挥作用。我们建议,供应链产业基金未必一定要以股权的形式投到供应链上的企业,可以将资金投到落地在当地的供应链金融公司,然后供应链金融公司承诺按一定的利息回购政府产业基金的股份。这样就很好地解决了国有资产流失的问题;同时,也很好地解决了供应链金融公司一部分的资金来源问题。相比于股权投资,这种明股实债的模式风险要小得多,而且在安商富商的过程中,确实可以发挥实实在在的作用。

因此，产业基金配套供应链金融服务，一定能在政府的招商引资活动中发挥看得见的作用，既符合国家金融脱虚向实的战略方向，又能切切实实解决中小企业融资难题。中小企业的融资难题有解决方案，作为核心企业就愿意倡导上下游客户共同搬迁转移，这样才能真正形成产业集聚的氛围，招商引资才能真正推动当地经济的良性发展。

第7章 供应链金融如何助力乡村振兴

7.1 三农问题的重要性及其发展现状

7.2 乡村振兴背后的国家战略意义

7.3 供应链金融服务乡村振兴家电下乡

7.4 供应链金融在乡村振兴中大有可为

几乎所有中国人都知道一句俗语"民以食为天",足见粮食对每一个人的重要性。人活着是要吃饭的,吃不上饭或者粮食短缺都会造成巨大的社会问题。虽然现在我们国家基本解决了人民群众的温饱问题,但是我们不能好了伤疤忘了疼,冯小刚的电影《1942》上映才7年,1959—1961年的三年自然灾害过去也不过60多年。居安思危是老祖宗给我们留下的最重要的生存智慧。农业很重要,是不错,但是农业的低收入却是一个严峻的现实问题,农民的收入提升不上来,必然会反过来影响农业的发展。同时,农业污染也带来了很多严重的问题,比如食品安全。正如招商引资里提出要"安商富商",那么针对农村我们如何"安农富农"?习近平主席提出"绿水青山就是金山银山"的理念,为新时代三农问题指明了方向。本章我们将系统分析三农问题的现状以及乡村振兴战略背后的实际意义,同时结合实践,看看供应链金融如何在国家乡村振兴战略中发挥作用。

7.1　三农问题的重要性及其发展现状

"三农"问题一直都是国家重点关注的问题。从战争年代开始,党和国家就对农村高度重视,毛泽东同志在战争时期提出了"农村包围城市"的重要战争策略,以此赢得了胜利。我国是农业大国,农民的总数占据全国总人口数量的三分之一甚至更多。人们的生活离不开农作物的种植,农村能够供给城市发展的物料很多,可以说没有农村的发展,就没有城市的发展;没有农民的辛勤劳动,也就没有人们的富足生活;没有农业的发展,就没有国家经济的长期稳定发展。实际上,三农问题范畴较大,需要将行业、居住地以及主体身份进行综合,通过不同的侧重点,将三个问题进行同时解决。

中共十九大报告首次提出"乡村振兴战略",并将其列为决胜全面建成小康社会需要坚定实施的七大战略之一。十九大报告在"实施乡村振兴战略"一段中首先提出,农业农村农民问题是关系国计民生的根本性问题,必须始终把解决好"三农"问题作为全党工作的重中之重。

"三农"问题一直困扰着中国社会经济发展,中央对三农给予了高度重视并进行了大量投入。但在执行的过程中,因为受政策执行不力、人力资源开发不够、财政投入使用不到位、产业结构布局不合理等多方面影响,三农发展及问题的解决速度仍然缓慢。

政府财政投入仍显不够,信贷关系紧张,许多农民借钱无门,没有办法扩大生产规模和调整产业结构;再加上农民收入水平不高,农业发展时态较差,因此农业的发展受到了阻碍。还有很多农民小农思想严重,怕承担风险,怕出现纰漏,因为思想的束缚,让农民在经济发展上束手束脚,导致农村经济发展滞缓。

虽然现在已经是互联网时代,现代化经济发展占主导地位,但是农村的发展依然以传统产业为主。农民的收入以农产品为主导,耕种方式也没有完全实现现代化。传统的种植、养殖方式,较低的收入,让农民的生活得不到大跨步的发展。而且农民的创新能力不足,也导致了农业发展滞后,不管是农作物的耕种,还是农林牧副渔的行业发展,都相对迟缓。

不仅如此,很多贫困地区也没有一个好的带头人为村民做榜样,没有起到模范带头作用。很多农村的村干部服务意识淡薄,并且工作不到位,很多上级下达的信息都没有进行传达,对于农业经济的发展和致富的方式也没有形成整体模式,基层组织管理弱化,带领群众致富能力不强,传统产业增收无望。一些农村干部思想觉悟不高,工作积极性低落,文化水平差,不愿或无能力指导本地区经济发展。农民缺乏靠自身力量获取信息的能力和财力,政府很少提供有利于农民的真实可靠的信息,导致农民很难及时准确地知道政府的优惠政策和市场信息,很难依市场供求情况合理安排生活生产。

农民思想观念落后,知识技能水平低下。贫困山区的农民素质低下,不愿意接受新事物,难以适应当今市场经济发展的需要。很多自然村落人口较少,教学设施较差,教学质量偏低,文盲半文盲占相当大的比例。因为教育落后,人们的思想观念也跟不上时代发展的步伐。小农经济思想意识根深蒂固,竞争意识、风险意识、市场意识和资本经营意识淡薄,缺乏干大事、创大业的胆魄,保守依附的特点比较明显。

要想解决三农问题,就要从根本上进行解决,只有解决根本,才能够真正解决三农问题。而根本问题就是人才问题。只有让很多外出求学、打工、创业多年的年轻人,带着新的理念和技术回到农村,成为新时代的"职业农民",农村的田野才能变成希望的田野。然而,不知从何时起,我们的意识形态领域,对农民是有歧视的,比如农民到城里打工被称为"农民工",给人感觉农民的身份就比城里人低一等,所以很多人才不愿意下乡做农民,说白了是存在这样一个很重的心理障碍。当然,这也是城乡二元结构带来的社会矛盾。

作为人口大国,中国的现代化之路没有可以借鉴的规律,全国政协常委、经济委员会副主任,中央农村工作领导小组原副组长兼办公室主任陈锡文指出,为什么十九大报道没有提城镇化战略,反而要提乡村振兴战略,这是党中央准确把握了中国国情和现在的发展阶段所得出的一个重要判断。

首先,乡村的衰弱不是必然规律。我们到那些经济发达的国家去考察去调查都能看到,尽管他们的农业占 GDP 比重已经很低了,农业人口在总人口中的比重也很低了,但是它的乡村仍然是一派兴旺景象。所以农业在现代社会中比重降低、农业人口的减少不一定就意味着乡村注定是要衰弱的。

其次,中国实现现代化过程中,农业农村农民到底会发生什么变化,实现现代化以后,城乡格局是什么样的局面,需要我们自己探索。已经实现了现代化的国家中,人口上亿的其实只有两个,美国和日本,美国有 3 亿人口多一点,日本只有 1.27 亿人口,他们国家的发展规律未见得就像中国这样一个有着 13 亿人口大国的发展规律。人口最多的中国、印度都是十几亿人口,距离现代化显然还有相当的距离。那么 10 亿人口以上的国家在现代化进程中,它的城乡结构的变迁、城乡居民的分布到底是一个什么规律,已有的世界还没有给我们找出来。

因此,乡村振兴是关系中国全面发展,最终建成现代化强国的一件大事。

自 2018 年以来,各地各部门坚持将实施乡村振兴战略作为做好新时代"三农"工作的总抓手,围绕到 2020 年推动乡村振兴取得重要进展、制度框架和政策体系基本形成的阶段性目标,下功夫推动解决城乡二元结构问题。通过相关部门的调查研究,我们从以下七个视角来看一下其实施的基本情况。

第一,坚持党管农村,加强乡村振兴组织领导。各地各级党委、政府高度重视,结合本地实际情况,制订推动乡村振兴的具体意见和阶段性规划,成立党政一把手牵头的推进实施乡村振兴战略领导小组,省、市、县、乡、村五级书记抓乡村振兴的工作格局初步形成。广东省积极开展农村基层党建"头雁"工程,撤换调整不称职、不胜任村党支部书记498人,派驻在岗第一书记3 696名,农村基层党组织的领导核心和战斗堡垒作用进一步加强。河南省高质量推进农村"两委"换届,实现党支部书记和村委会主任"一肩挑"的村占比40.3%,高于全国平均10.3个百分点,积极推广村级重大事项支部提议、"两委"会议商议、党员大会审议、村民代表大会或村民会议决议和决议公开、实施结果公开的基层民主决策机制,并通过设立村级监督委员会,健全基层党风政风监督检查机制,实现农村重大问题由农民自己决定,推动完善现代乡村治理体制。

第二,坚持因地制宜,培育乡村产业发展动能。各地坚持将深化农业供给侧结构性改革作为乡村产业振兴的主线,因地制宜、有序推进特色农业产业发展。河南省持续推动粮食生产核心区建设,累计建成高标准农田6 097万亩,粮食产能稳定在1 200亿斤以上。安徽省加快"两区"划定工作,在全国率先完成5 200万亩粮食生产功能区、1 900万亩重要农产品生产保护区划定任务。广东省设立全国首个农业供给侧结构性改革基金。山西省从本省农业生产条件出发,调整优化农业结构,着力培育杂粮、畜牧、蔬菜、果业、中药材、酿造等特色农业产业。湖北省大力发展农产品加工业,2018年前三季度农产品加工业营业收入超过8 300亿元,同比增长8.9%。海南省、浙江省以推动一二三产融合发展为切入点,积极发展乡村新产业新业态,海南省依托热带农业资源和农耕文化,推进61家"共享农庄"试点建设;浙江省建成单个产值10亿元以上的示范性农业全产业链55个,农产品电商销售额突破500亿元。

第三,坚持汇集力量,强化乡村振兴人才支撑。各地坚持将人力资本开发放在乡村振兴的重要位置,积极推动乡村人才振兴。安徽省、山西省实施乡村本土人才培育计划,着力培养"土专家""田秀才"等有一技之长的农村实用技能人才,目前山西累计培训农村劳动力21.22万人。广东省积极培育新型农业经营主体和职业农民,目前共培育农业龙头企业3 805家,培训新型职业农民3万人。湖北省、江西省采取有效措施吸引各类人才到农村创新创业,湖北省推动实施以市民下乡、能人回乡、企业兴乡为主要内容的"三乡工程",自2018年以来已带动3.1万名各类人才回乡创业;江西省实施"一村一名大学生"工程,培养的4.7万名大学生中有37.1%成为村"两委"干部,42.5%在农村创新创业。贵州省不断健全农业技术服务体系,引导农技人员下乡村基层为农民提供生产技术服务,目前在基层服务的农技人员有18 994人,累计培训农技人员10万人次,培训农民222万人次。

第四,坚持文化引领,推动乡村文化发展繁荣。各地在推动乡村振兴中坚持既要塑形,也要铸魂,着力提升农民精神风貌和乡村社会文明程度。贵州省按照县有图书文化馆、乡镇有文化站、村有文化大院的要求,推动构建乡村文化网络体系,自2018年以来先后为71个乡镇1 000个贫困村和142个数字文化驿站配置了公共数字设备。湖北省投入资金200亿元,新建改建市县文化场馆150个,建设乡村基层文化广场1万个,不断推动文化设施向基层延伸。广东省探索社会力量参与乡村文化新模式,2018年省财政投入"戏曲进乡村"专项经费705万元,到基层演出1 278场,有效增强了乡村公共文化服务供给。河南省大力开展乡村移风易俗运动,建立村规民约和村民议事会、道德评议会、红白理事会、禁毒禁赌会"一约四会"制度的村占比超过90%,有效改善农村大操大办、厚葬薄养、人情攀比等陈规陋习。

第五,坚持绿色发展,建设生态宜居美丽乡村。各地正确处理农业农村发展与生态环境保护的关系,推动构建人与自然和谐共生新格局。广东省按每村1 000万元的标准支持粤东西北地区推进生活垃圾和污水处理,养殖废弃物资源化利用率达到73%。海南省实施生态环境六大专项整治行动,建立起覆盖全省的垃圾清扫保洁体系、收集转运体系和无害化处理体系,其中琼中县率先推动了富美乡村水环境治理PPP模式。江西省积极推动实施"厕所革命",为73.5%的农户配备了冲水式卫生厕所。贵州省启动重点生态区位人工商品林赎买改革试点,推动解决了生态功能区内人工商品林处置难、收益难的现实问题,实现了社会得绿和林农得利双赢。浙江省持续推进"千村示范万村整治"工程,实现2.7万个村庄整治全覆盖,按照"绿水青山就是金山银山"的路子,积极发展乡村旅游、休闲农业、养生养老等新产业,目前乡村文旅产业总产值已达到353亿元,真正实现了生态美和百姓富的统一。

第六,坚持以人为本,提升乡村民生保障水平。各地紧紧围绕农民群众最关心最直接最现实的利益问题,不断提升农村基础设施建设和基本公共服务水平。河南省开展农村饮水安全巩固提升工程,行政村通自来水率达到85%,在41.3%的行政村建立了幼儿园,实现行政村宽带互联网百分之百全覆盖。广东省2018年投入教育经费338.4亿元,提高农村基础教育普及度,将农村子女参加义务教育、入读高中(含中职)和大专院校的生活补助提高到每人每年3 000元、5 000元和10 000元。湖北省累计建设乡村公路3.8万公里,农村低保标准达到5 194元,特困救助供养标准达到9 265元。海南省将贫困人口大病起付线由8 000元降低至4 000元,对11种大病开展专项救治,将25种慢性病门诊费用报销比例提高至80%。浙江省已全面消除4 600元以下的绝对贫困现象,城乡居民收入差距为全国省区最小。

第七,坚持融合发展,完善乡村振兴扶持政策。各地着眼于推动城乡融合发展,不断推动农村产权制度改革,优化要素市场配置。河南省把乡村振兴作为财政支出的优先保障领域,2018年累计投入1 299.4亿元支持乡村振兴。海南省在加大财政投入保障的同时,统筹整合涉农资金17亿元用于乡村振兴。贵州省加大乡村振兴金融支持,截至2018年6月,全省银行业金融机构涉农贷款余额1万亿元,农业保险向13.5万户农户支付赔款1.71亿元。广东省推动完善用地保障政策,预留7.5万亩城乡建设用地规模支持乡村振兴,将农村建设用地拆旧复垦指标、耕地占补平衡指标交易资金全部用于乡村振兴,支持村级组织和农民工匠实施乡村小型工程,推动实现农民"自选、自建、自管、自用"。安徽省不断深化农村土地制度改革,承包地确权面积8 057.1万亩、确权农户1 215.9万户。

总体来看,各地推动实施乡村振兴战略开局良好,取得初步成效,但乡村振兴仍处于起步阶段,距离实现乡村全面振兴的目标,距离广大群众的期望仍有一定差距,进一步推动实施乡村振兴战略,破除城乡二元结构还面临着一些问题。

一是城乡区域发展不平衡仍是最大短板。受多种因素影响,农民持续稳定增收难度增大。广东省作为全国经济最为发达的省份之一,仍有2个地级市、21个县的农民收入低于全国平均水平,粤东、粤西、粤北地区农民收入仅相当于珠三角地区的66%、73%、67%,截至2017年年底仍有59.5万相对贫困人口未脱贫,贫困发生率为1.52%;湖北省城乡居民收入比由2008年的2.58:1缩小到2017年的2.31:1,但绝对差额却从8 063元扩大到18 077元;贵州省尽管农民收入连年保持较快增长,但城乡居民收入比仍达到3.28:1。农村地区发展普遍滞后。水、电、气、路、网等基础设施建设历史欠账较多,投入不足与重复建设问题并存,其中乡村生活垃圾、污水处理设施是突出短板,目前安徽省农村无害化卫生厕所普及率不到50%,已建成污水集中处理设施的乡镇不到50%;广东省尚有70%的自然村没有实现生活污水集中处理。教育、医疗、卫生、文体、社保等基本公共服务难以满足群众对美好生活的向往。其中,基础教育、医疗卫生服务质量和水平不高是面临的突出问题,乡村基本办学条件较差,教师编制存在结构性矛盾,且待遇较低,面临着资源不足和普惠性不够双重矛盾;村级医疗卫生室尚未实现全覆盖,医疗设施设备不足,运转经费保障水平低。贫困地区脱贫攻坚任务艰巨。山西省剩余贫困人口中无劳动能力或丧失劳动能力的占比为43.1%,大病、慢病和残疾群体占比为31.6%;江西省瑞金市2017年实现脱贫摘帽,已将到2020年的省级和赣州市级财政奖扶资金用完,巩固提升完全依靠本级财政统筹,困难较大;不少地区客观存在着贫与非贫在帮扶政策上的"悬崖效应"。

二是乡村要素投入和部门协调推进的体制机制尚未形成。乡村振兴稳定的资金投入机制尚未建立,一些地区一些年份农业总投入增长幅度高于财政经常性收入增长幅度的法定要求没有落实。乡村振兴过度依赖财政专项资金,投入渠道有待拓宽,土地出让金、政府债务资金等用于乡村振兴的比例较低。由于缺乏有效激励约束机制,金融资本和社会资本进入农业农村的意愿不强。乡村公益性设施用地紧张,新产业新业态发展用地供给不足,农业设施用地建设标准低、审批手续繁杂,推动现代农业发展必要的配套设施用地和附属设施用地审批难度较大。激励引领规划、科技、经营管理等各类人才服务乡村振兴的保障政策尚不完善,特别是熟悉农村、了解农业的乡村规划人才缺乏,农房建设无序,有新房无新村,规划脱离实际,乡村建设规划、土地利用规划、产业发展规划、环境保护规划之间的协调性不够。深化农村综合改革缺乏法治保障,农村土地征收、集体经营性建设用地入市、宅基地制度改革、农村承包土地经营权和农民住房财产权抵押仅在试点地区开展,农村集体产权制度改革缺乏上位法支持,农村资源变资产的渠道尚未打通。一些地方制定的乡村振兴政策文件较为原则,针对性和可操作性不强,财政、发改、住建、环保、农林等部门推动乡村振兴的政策措施仍有待进一步协调,条块项目和资金需要进一步整合。

三是农民参与乡村振兴的内生动力不足。一些地方在推动乡村振兴过程中仍存在要项目、等资金、靠上级的思想,"靠着墙根晒太阳、等着政府送小康""政府干、农民看"等现象依然存在。一些地方农村基层党组织发挥领导核心作用不够,组织发动群众的方式方法陈旧,干部拍板多、农民声音少,发挥农民主体地位和主战作用不够。乡村本土实用技能人才缺乏,农民自主创业、自我发展能力弱,成为制约农民发挥主战作用的重要因素,目前安徽省共认定农村各类实用人才158万人,仅占农村常住人口的5.4%,河南省农学专业学生数量从20年前的6%下降到目前的1.7%。农村集体经济发展滞后,经营体制不健全,管理不规范,一些村既没有村集体企业,也没有集体积累资金,河南省2017年无经营收入的村有34 288个,占总量的74.5%。农业现代化和乡村产业发展缺乏有能力、有热情的带头人,新型经营主体与农民的利益联结机制尚不够紧密,辐射带动农户能力有待提升。

四是乡村产业发展质量和水平仍需提升。乡村产业振兴基础仍不牢固,农业有产品无品牌、有品牌无规模、有规模无产业问题依然存在,发展质量和综合效益有待进一步提升。农业生产结构不优,农产品供给仍以大路货为主,优质绿色农产品占比较低。农业科技创新能力不强,科技成果转化不快,基层农技服务人员普遍数量不足,且服务缺乏针对性,缺少农产品从产地到餐桌、从生产到消费、从研发到市场的全产业链科技支撑,目前广东省农业科技投入占总量的比重不到10%,农业科技成果转化率只有50%。农产品深加工能力不强,农业企业规模普遍较小,且大多数停留在初级加工状态,农产品标准化程度低,产品质量认证滞后,产业链条短、附加值不高。与农业现代化相适应的社会化服务体系发展不充分,仓储、冷链、物流、信息咨询等服务较为缺乏,农村地区物流经营成本高,影响农村电商发展。对乡村旅游、休闲农业等新产业新业态发展的统筹规划不够,个别地方一哄而上,可持续性较差,同质化问题突出。

五是农村地区基层社会治理有待加强。农村大量青壮劳动力外出务工,"空心化"现象普遍,河南省部分县外出务工人员占农村劳动力的比重达到75%以上,乡村"熟人社会"的治理结构和约束机制逐步发生变化,"散"的特征更加明显,客观上造成乡村治理难度加大。一些地方行政村所辖自然村较多,存在着"治权"与"产权"脱节现象,农村集体资产属于自然村即村民小组所有,但自然村有资产却缺乏自治组织,个别的还没有建立基层党组织;行政村有自治组织却没有集体资产,难以有效实施管理,这在一定程度上束缚了对农村资源资产的有效整合。一些地方将推动乡村振兴的主要精力、资源、项目集中投向核心村,对自然村的整治建设重视不够,行政村与自然村之间发展不均衡。基层普遍认为村民委员会三年一届时间较短,一些村干部"一年看、两年干、三年等着换",不利于持续稳定开展乡村振兴工作。乡镇一级机构设置和职能配置仍待优化,事权和财力不匹配,如何推动乡镇行政管理与基层群众自治有效衔接和良性互动仍需下功夫。

六是推动农业农村绿色发展任重道远。农业生态功能恢复和建设任务艰巨,一些地方发展农业生产仍是拼资源拼消耗的传统方式,化肥、农药、兽药和饲料等农业投入品过量使用,畜禽养殖废弃物资源化利用不够,农业面源污染严重。尽管化肥、农药零增长行动取得了一定成效,但是由于前期使用基数大,施用总量仍保持在较高水平,减量行动成效不够明显,一些经营者回收农药包装和施用废弃物不力,对环境造成不同程度污染。废水灌溉,废气排放,固体废物倾倒、堆放和填埋,地膜残留,设施农业发展不规范等多种因素叠加,造成不少地方的耕地和地下水污染,对农村生态安全造成隐患。生态补偿机制尚需完善,一些村庄处于生态保护禁限制开发区,付出的机会成本较多,却没有得到相应的政策扶持和经济补偿。

实施乡村振兴战略要深入贯彻落实习近平新时代中国特色社会主义思想,始终坚持农业农村优先发展的原则,立足实现农业和农村两个现代化,不断推动各类资源要素在城乡之间自由流动、平等交换,加快形成工农互补互促、城乡全面融合的新型工农城乡关系。

7.2 乡村振兴背后的国家战略意义

这两年,乡村振兴突然火起来,不仅成为七大国家战略(图7-1)之一,而且史无前例地写入了党章。那么,乡村为什么要振兴?这个问题重要吗?当然重要,因为不知道为什么,就不知道该怎么做或者不知道怎么正确地做。

那么,乡村振兴为了什么?回答这个问题之前,先澄清一件事,那就是:乡村问题并不是近年突然开始重视起来的,而是自古以来一直被重视。中国是个农业大国,早在公元前2000年的夏朝,中国便进入了农耕文明时代,农业从来都是国之根本。没有粮食就没有一切,封建统治时期,"农本商末"一直是主调,古之四民"士农工商",农民位列第二。

图 7-1

由于农业是个劳动密集型产业,封建统治者为了保障农民队伍的稳定以及政权的稳固,采取了三大措施:一是限制商人和商业活动,避免农民被商业引诱分流,所以"重农抑商"是中国的传统,宋代的工商发达只是昙花一现;二是抑制土地的兼并,防止农民大量破产,稳固农业生产基础;三是强化户籍管理,限制人口流动,将农民固定在土地上。不过,讽刺的是,历史上,多次朝代更替都是农民起义导致的,而农民起义发生次数最多的朝代,正是工商发达的宋朝。

农业不仅在漫长的封建统治时期,被当作立国基石,新中国成立以后也同样被高度重视。从1982年起到今天,除了未发中央一号文件的那些年,每年的中央一号文件,都是关于农村问题的。只不过自十八大以来,乡村问题被更加重视了。2018年,最新的中央一号文件是《中共中央国务院关于坚持农业农村优先发展做好"三农"工作的若干意见》。

言归正传,为什么要乡村振兴?我们认为主要有三大原因:经济原因、社会原因、情感和道义原因。

经济原因主要包括三点:一是平抑贫富差距,二是保障就业稳定,三是挖掘消费潜力。不患寡而患不均,首先来看平抑贫富差距。2008年,中国官方公布的基尼系数是0.491,此后中国的基尼系数开始下行,但到了2015年0.462的低点之后,又开始上行,2016年达到0.465(图7-2);而一些民间机构推测的中国基尼系数更高,比如有机构认为中国2010年的基尼系数是惊人的0.61。但是,无论怎样,这些数值都已大大超过国际上被认为是收入分配差距"警戒线"的0.4。作为比较,日本的基尼系数常年低于0.35。这也是十九大报告认为我国社会主要矛盾已经转化为不平衡不充分发展的重要表现。而如此高的基尼系数相当程度上是城乡收入差距贡献的。2017年,我国城市居民的人均收入是农村居民的2.72倍。

那么,问题来了,为什么要平抑贫富差距呢?这就要引入一个心理学的概念——"不公平厌恶"(Inequity Aversion)。有位心理学家做过一个实验,他让孩子们在两种情

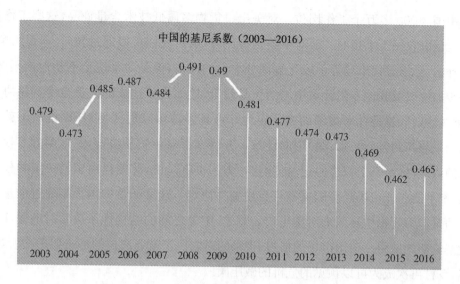

图 7-2

况下做选择：自己得到一张代币，另一个孩子也得到一张；或者自己得到两张代币，另一个孩子得到三张。你可能会觉得后者好，因为两个孩子都得到更多，但是，孩子们更乐意选择第一个选项，以确保他们得到的不比别人少。这个现象孔子在 2 500 年前早有总结，那就是：不患寡而患不均（下一句是"不患贫而患不安"）。这两句话习近平同志在强调共同富裕的讲话中也引用过。而三十多年前的 1985 年，邓小平同志也曾说过一句话："如果导致两极分化，改革就算失败了！"可以说，贫富差距引起的"不公平厌恶"，是一个安定的社会要极力避免的。

2003 年，Sarah Brosnan 和 Frans de Waal 用猴子做了一个实验，他们发现猴子非常不喜欢吃亏。一只猴子独处时，无论得到葡萄还是黄瓜，都很开心。但当一只猴子得到黄瓜，它的伙伴却得到葡萄时，它便会非常愤怒：它可能会将黄瓜用力扔出笼子。一些灵长类动物都有"患不均"的表现，它们讨厌受到不公平待遇。

中国政府一直强调"稳定压倒一切"，我们再来看就业稳定。2018 年 12 月，国务院印发《关于做好当前和今后一个时期促进就业工作的若干意见》，这告诉我们，我国就业形势不容乐观。十年前的那场金融海啸，大家一定记忆犹新。据估计，它导致东部沿海地区 30%的民营企业关门，2 000 多万农民工失去工作，如此巨量的失业潮，一般国家通常难以承受，但中国出乎意料地化解了。许多想看热闹的外媒深感意外，一个重要原因是，大量的农民工返乡了，返回了仍然保有他们赖以生存的土地和住房的乡村。

眼前，我们又遇到了一场危机，那就是中美贸易冲突。我们 5 000 多亿美元的对美出口，面对美方加税，据《全球价值链与我国贸易增加值核算报告》显示：2012 年每 100 万美元的对美商品出口可为中国创造近 60 个工作岗位，那么 5 000 多亿美元出口对应的是中国3 000多万个工作岗位。对美出口货物多属低技术含量商品,这些工作岗位大多也是由农民工承担的。面对中美贸易冲突,虽然我们可以通过转口、人民币贬值、出口补贴、寻求替代市场等手段化解部分加税的冲击,但是对手也会不断地加码,包括进一步加税以及其他专门针对中国的贸易政策,比如去年达成的北美自由贸易协定中的"毒丸计划",就是针对被缔约方认定为非市场经济国家的任何对象(说白了就是中国),如果与缔约方(美、加、墨)中的任意一方缔结了自由贸易协定,其他两方有权退出现有的协定,缔结一个双边协定,排除这一方。也就是说,北美自由贸易协定的任何缔约国,都不能与非市场经济国家签订自由贸易协定。这意味着中国很难通过加拿大或者墨西哥作为货物中转国来对美出口。总之,中美之间的结构性矛盾暂时的缓和并不能化解长期的威胁。美国市场的损失,带来的对农民工就业岗位的冲击似乎在所难免。显然,乡村再次成为可以预见的危机的减压阀。

值得注意的是,中国过去"上山下乡"运动的动机之一正是要解决城市就业和人口过剩问题。当时的宣传口号是"我们也有两只手,不在城市里吃闲饭!"

此外,转型背景下的"技术升级"也在威胁着农民工的就业岗位。2017年,一个苹果手机的代工厂换了几套意大利生产线,改造了一半车间,雇佣的工人就从2011年最高峰时候的1.1万多人,减少到五六千人。2018年年底,由海底捞运营的第一家无人餐厅在北京开始营业;2019年年初,由阿里巴巴运营的第一家无人酒店在杭州开业。

在用工成本不断升高的情况下,自动设备、人工智能取代人力成为趋势,目前自动化技术在制造业、建筑业、交通运输和仓储业、批发和零售业应用前景广阔。2017年,这四个行业的农民工总共约有1.89亿人(图7-3),如果未来5~10年有1/3的人受影响,那么将是六七千万人。那么,这些工人将去哪里?尽管新的需求会产生新的就业,但是变革期要转移如此巨量的就业岗位将是一项艰巨的任务,而乡村似乎是唯一能够消纳如此巨量农民工劳动力的空间。

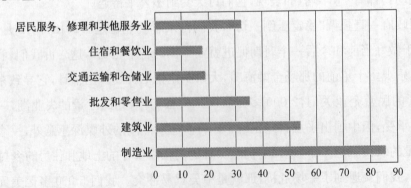

图7-3 农民工就业主要行业分布(百万人)

数据来源:《农民工统计年鉴》《人口与就业统计年鉴》

另外，由于农民工技能有限，所从事的通常是简单重复性工作，这类工作对从业者的体力、反应灵敏度或操作精确度有较高的要求，因而青年农民工从事这些工作时劳动生产率较高。随着年龄的增长，农民工的劳动生产率渐渐下降，接下来，要么会被辞退，要么接受更低的工资，直至无法负担城市生活。此时，中年农民工不得不返乡。无论怎样，"流动"的农民工只有三种选择：要么去别的地区，要么留在当地，要么回到家乡。第一种选择取决于宏观经济形势，大势如果不妙，哪里都差不多；第二种选择比较微妙，留在当地，找到替代的工作还好，如果是失业或者是不充分就业状态，就会被视为当地的"不稳定因素"，有些地方干脆祭出驱逐"LOW人口"的大棒也就不难理解了；第三种选择似乎比较稳妥，但是，对年轻农民工而言，乡村远没有城市有吸引力。因此，需要加强乡村的引力。

需要注意的是，2019年最新中央一号文件强调：坚持农村土地集体所有、不搞私有化，坚持农地农用、防止非农化，坚持保障农民土地权益、不得以退出承包地和宅基地作为农民进城落户条件。这实际上还是抑制土地兼并的政策，其由来历史悠久，其背后是稳定压倒一切，同时也释放了另一个信号，户籍制度不会改变。

最后来看挖掘消费潜力。2008年金融危机，我国消费性电子产品外销需求急速衰退。同年12月我国宣布"家电下乡"的财政政策救市方案规定非城镇户口居民购买彩色电视、冰箱、移动电话与洗衣机等四类产品按产品售价的13%给予补贴（将13%的出口退税用于补贴购买家电的农民），这一政策化解了出口的锐减。因此，国务院在2009年中央一号文件《关于2009年促进农业稳定发展农民持续增收的若干意见》中提出：扩大国内需求，最大潜力在农村。同时，国务院在2009年1月公布的《汽车行业调整振兴规划》中又提出了"汽车下乡"的政策，指出这个政策"既是实现惠农强农目标的需要，也是拉动消费带动生产的一项重要措施"。当然，乡村消费潜力的释放，取决于基础设施和社会保障的完善。如果没有早期的"村村通工程"（国家一个系统工程，包括公路、电力、生活和饮用水、电话网、有线电视网、互联网等），就不可能有"家电下乡""汽车下乡"。

一直以来，"消费"都是拉动我国经济增长的三驾马车之一，在城镇居民受到高房价的挤压，消费增长在放缓的情况下，乡村居民消费的重要性进一步凸显。乡村振兴有利于提高农民的收入水平，有利于拉动农村地区的消费。

我们再来看看社会原因。社会原因主要包括两点：一是保障粮食安全，二是保持完整家庭。

手中有粮心中不慌，从保障粮食安全来看，作为13亿人口的大国，正如习近平同志在十九大报告中阐述的那样，中国人的饭碗要牢牢端在自己手中。饭碗里主要应当装中国粮而不是进口粮，这才是确保国家粮食安全的根本出路。如近邻日本认为农业是为社会提供粮食安全的国防产业,为了防止国际上的农产品对日本国产农产品价格造成冲击,日本不是施行固定的关税政策而是参考国内农产品的价格收税,直到税后二者相差不是太悬殊,比如日本对进口大米的关税高达近500%。日本不但是世界上农产品关税最高的国家,其涉农补贴之高之广也是首屈一指。农林水产省的主页上各类补贴高达470种,从农田保护到土地改良,从基础设施到病虫害防治,从务农奖励到农事培训,各类补贴照顾到农业的方方面面。日本如此量大面广的补贴,与农业高度的国防安全定位紧密相关。我国的农业当然也有安全保障的需要,但程度与日本不同,具体做法上也会不同。

从避免社会问题来看,乡村问题一定不能忽视。滴滴顺风车案,上海世外小学案殷鉴不远,两个事件中凶手的身世令人深思,他们从小的成长父母都不在身边。这不禁让人联想起发生在20世纪90年代南非的一件事。南非一家动物园要迁移大象,由于成年象太重,迁移有很大的技术困难,于是只是将10头年轻的孤儿公象进行了转移。结果,象群原本复杂的家庭和社会结构被扰乱,年轻的孤儿公象们难以充分社会化,这些无人管教的孤儿象群陷入了令人恐惧的混乱状态,它们体内睾酮水平飙升,行为完全失控。第一次有人观察到大象强奸和杀死犀牛的行为。除此之外,大象还会屡次攻击驾车游览的人类。从1991年到2000年这些年轻公象杀死了超过100只白犀牛和5只黑犀牛。

在我国,外出农民工群体,携家带口外出打工的,一直只有20%左右,导致出现大量缺少父母关爱和管教的农村留守儿童(图7-4),由此产生的社会问题影响深远。据统计,走进少管所的孩子80%以上是留守儿童以及离异家庭的孩子。关爱留守儿童最重要的是,创造让他们能够生活在父母身边的社会条件。乡村振兴可以让更多打工者在自己的乡村或周边市镇找到工作,从而家庭得以团聚。也许有人会问为什么城市不给打工者和他们的子女市民待遇?为什么要破坏他们家庭的完整性?这个问题的答案其实就像房间里的大象,大家都知道却无法或不愿触碰。

还有一个重要的原因就是情感和道义。从历史上看,为了城市的发展,乡村地区做出了重大贡献和巨大牺牲。通过剪刀差,城乡之间完成了海量的利益输送。先是农产品,二十世纪五六十年代为了支持工业化,工业品的价格普遍高于其本身价值的60%~500%,而农产品的价格普遍低于其本身价值的44%~73%。根据国务院农村发展研究中心推算,1953年至1978年计划经济时期通过剪刀差获取的价值在六千至八千亿元。当时国家工业固定资产总计不过九千多亿元。因此,可以这样认为:中国国家工业化的资本原始积累,基本上源自中国的乡村。

再是土地和劳动力。自改革开放以来,城市化迅猛发展,出口加工业一片繁荣,这个过程需要的巨量土地和劳动力大部分都来自乡村地区。最近几年,乡村地区每年以

图 7-4

5 万亿元的土地资本金支持城市化的发展,而农民工每年支持城市建设 1.8 万亿元。同时,农民存款只有一半用于农村,其余流向城市。每个农民工平均每年在城市创造的价值是 2.5 万元,但其平均得到的工资仅为 1.2 万元。

最后是景观文化。许多国家级的旅游景区,乃至省市级的旅游景区,虽然地处乡村,但景区发展与当地乡村发展没有关联或者关系不大,比如居庸关村并没有从境内的居庸关长城获得多少好处。而许多资本介入的乡村旅游,虽然给乡村带来一定外溢好处,但主要收益并未普惠乡村。

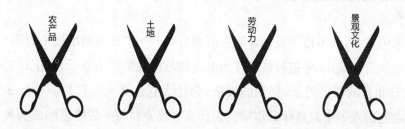

图 7-5

应该说,农村的四大要素——农产品、土地、劳动力、景观文化,为城市的发展和服务做出了巨大贡献(图 7-5)。乡村对城市长期扮演着输血者的角色。如今,中国的城市化率已接近 60%,城市地区创造的价值高达 90%,乡村地区需要城市的反哺来振兴。我国需要利用仍处在城市化加速阶段的强劲力量来助力乡村地区的振兴。但需要注意的是,城市对乡村的"反哺"不是要长期的"输血",而是要培育出乡村的"造血"机能,是"授人以渔"而不是"授人以鱼"。同时,对乡村的补贴应当精准,解决关键问题、打通关键环节,不应"大水漫灌"。

总之,严格来说,本节内容回答的是为什么要重视乡村。目的是要由此知道接下来,在乡村地区我们应该做什么工作,如何开展工作。至于这个工作的名字是叫"乡村振兴"也好、"美丽乡村"也好,并不重要。重要的是,我们的每一个行动都是有目的的,不是对着文件来"抓药",否则很容易陷入形式主义的窠臼。比如,很多乡村由政府出钱建了公厕,结果因为没钱维护,只能上锁;一些村建了沼气池、太阳能热水器,结果废弃不用……这样的情况不在少数,既浪费了公共资源,老百姓也没有得到真正的实惠。了解为什么要重视乡村,我们就可以做到心中有"道",根据乡村的不同特点,提出相应的不同举措,从而条条大道通"振兴"。

习近平同志在党的十九大报告中明确指出:农业农村农民问题是关系国计民生的根本性问题,必须始终把解决好'三农'问题作为全党工作重中之重。要坚持农业农村优先发展,按照产业兴旺、生态宜居、乡风文明、治理有效、生活富裕的总要求,建立健全城乡融合发展体制机制和政策体系,加快推进农业农村现代化。乡村振兴战略是继社会主义新农村建设之后更加深入全面系统解决"三农"问题的重大部署,为推动城乡融合发展,实现近6亿中国农村人口对美好生活的向往,描绘了锦绣蓝图。

要准确理解和深刻把握乡村振兴与国家粮食安全的内在关系,就需要明确只有农民心定了、农村宜居了、农民富裕了,更多农民才能更好地从事农业生产和农村发展,才能把全中国人民的饭碗端牢、端稳、端好。

7.3 供应链金融服务乡村振兴家电下乡

提到家电下乡,就不得不提一家明星电商公司——汇通达网络股份有限公司(简称汇通达),这家公司2017年被科技部评为电商领域的独角兽企业,而真正让它大火的是2018年它获得了阿里巴巴45亿元的投资,为什么它这么火?它是一种什么模式?供应链金融在它的发展中起到什么作用?为什么它是乡村振兴战略里的成功典范?带着这些问题,我们来揭开汇通达的面纱。

1. 汇通达模式解读

汇通达由五星电器的创始人汪建国华丽转身而创立,几年来专注乡镇市场,目前是中国最大的家电分销商之一。其利用家电分销切入乡镇市场,整合了稀缺的乡镇渠道资源,打造B2B2C模式,有望成为乡镇的京东。汇通达是怎么做的呢?

首先是把闲置的资源利用起来。中国的家电厂商特别是例如海尔、格力、美的等白电厂商,多年以来建立了不错的全国经销体系,专卖店已经达到乡镇,这几家都号称有数万家乡镇的专卖店。乡镇店的经营者本来需要更多的品牌和品类,专卖店模式却独木难支,所以汇通达模式是为这些专卖店提供更多品牌和品类供其经营,特别是黑电产品,而且无须库存,送货上门,电脑上即可订货。这样帮助客户多赚钱,很容易吸引到专卖店客户,所以模式一推开,应者如潮。所以,本质上汇通达是利用IT和互联网技术把整合了原来家电品牌商建立的垂直渠道,升级为一个品类更强、效率更高的现代渠道,实现了闲置的资源的利用。

其次提升了通路效率。原来厂家垂直经销体系效率很低,都要求很高的库存压货,市场好的时候还好,经济下行和购买渠道更多的时候,各个层级的经销商库存风险很高,苦不堪言。一方面,汇通达并不要求专卖店最低库存,采用平等、开放的做法,也不要求客户更换门头,不要求专卖,不要求客户承诺业绩,唯一做的事情是导入度身打造的IT系统和电商订货平台,并实现及时准确的物流配送服务,矢志不移地帮助客户扩大经营范围和优化库存。另一方面,即使随着客户基数的扩大,规模效应也彰显,与上游供应商的谈判能力提升,汇通达也并不挟客户自重,简单粗暴地利用这个客户规模去找上游厂家压价,更多是与上游厂家一起努力压缩流通环节的库存压货,共同降低库存。由于汇通达重点只做经营者后面的供应链服务,利用规模和专业化的能力,能够提升渠道的效率,帮助下游客户成功,与此同时也帮助上游供应商提升通路效率,所以不单不会受到上游供应商的抵制,而且能够共同打造乡镇渠道。简单地说,就是从原先的三级供应链条模式到"武装"夫妻店,"收编"代理商,通过为既有流通网络的关键节点做加法,走出了一条另类的农村电商供应链金融模式创新路。

从供应链上看,代理是一个可有可无的环节,而且其层层加价的模式最终导致商品价格居高不下,并使得企业的营运陷入尾大不掉的桎梏之中。而且代理商本身没有品牌,客户与你合作是因为你有好的品牌,而不是因为你本身。以分销业务出身的汇通达可谓深谙其道,于是就开始寻求转型,瞅准乡镇家电市场,专注于供应链的建设,瞄准乡镇夫妻店这个关键节点,为夫妻店赋能,进而成为上下游企业联系的纽带。

中国的乡镇市场非常庞大,全中国大约有4万5千多个乡镇,汇通达将业务下沉到镇一级:每个镇大约12个村,每个村200到300户,每户平均3.5人,他们当中三分之一都有购置家电的需求,这些需求来自三方面:一是新婚和新房,二是家电更新,三是家电的增加,比如多买一个电视放在客厅。

乡镇市场不同于城市市场:在乡镇中,传统的流通组织已经跟不上时代的发展和居民的需求,但却没有新的流通组织诞生。这就导致在生产极大丰富的今天,乡镇市场得不到满足,花更多的钱也难以得到和城市一样的商品。所以汇通达最初的核心思路就是将工厂和乡镇零售店高效地连接起来,并进行创新。

在乡镇这个大市场中,企业面临的第一个问题就是"不接地气":以城市的经营思路或者以纯电商的角度来经营乡镇,最终必然会面临失败。乡镇最大的特点在于,信任是生意的基础,绝非开个店就可以做生意。而且,由于城市化的变迁,年轻的乡镇居民都来到了城市,于是乡镇中就只剩下"一老一小",他们的触网比例很低,更喜欢亲自去实体店体验、触摸、了解以后,再做出购买决策。此外,他们也有属于自己的"定制化"需求。因此,若想在这个市场中打出一片天地,上述特点都是必须进行考虑的。

和城市不同的是,在乡镇中,农民做的是熟人生意,绝对不是说你开个店,就能有顾客。在城市里,老百姓认的是品牌;而在乡镇中,老百姓先认人,再认品牌。从物流和最终的结算来看,乡镇完全是一种"熟人生意":比如顾客完全可以和店铺的小老板约定送货时间,当货送到后,甚至可以第二天再结算,这种交易完全建立在信任的基础上,传统的店铺根本不能这样做,这也就解释了为什么很多大型电商企业难以深入乡镇。

中国的乡镇市场极其广大,如果想深入下去,面临多方面的难题。比如讲话,苏南和苏北的方言几乎完全不同,你可能连听都听不懂,所以你必须找到当地人来服务他们,不是说你开个店就能服务得好。从另一个角度看,这种"信任熟人"的观念意味着"意见领袖"对于整个消费的影响。如果一个店铺老板能有几个朋友是意见领袖,那么他能"接触"到的顾客将是呈几何级增长的。传统中,通过六度人脉就能联系到世界上的任何一个人,但是在乡镇市场中,两度人脉就绰绰有余了。

乡镇中的确有年轻的消费者无论如何都会选择网上购物,但是更要注意的是,大多数的乡镇顾客还都是"一老一小",他们更喜欢亲眼看到、摸到商品。因此,从实际中看,"双十一""双十二"这类传统购物节对乡镇市场的影响并不大,因为线下实体店才是乡镇顾客的最爱。在乡镇店中,商品是可以讨价还价的,这也是十分符合乡镇居民需求的一种购物体验。但是这些对于传统的连锁店、零售巨头来说,是难以接受的,毕竟对于店铺老板来说,他只需要在价格上加10%就可以,而传统连锁店可能要加30%才能有利润。

更有趣的是,在乡镇当中,除了需要眼见为实以外,他们更愿意购买用于展示的样品,这是乡镇的一大特点,在老百姓眼中,你能拿出来展示的东西,一定是好东西。所以,我们经常会发现,当店老板要为顾客订货时,顾客会直接表示就要这台样品了。最后,配送服务更是乡镇中的重要体验,比起在电商网站订货后只能去县城亲自提货的窘境,线下实体店可以一步到位地解决这种问题。而且对乡镇居民来说,很多时候并不太介意到底几天能到货,因此如果能提供1天送达,那么将会是一个竞争优势;而在大城市中,如果做不到1天送达,是会被投诉的!

乡镇客户的需求是非常有趣的,对他们来说,空调需要的不是变频而是能在低电压下启动,因为农村常出现低电压的情况。此外,不少顾客总是把空调当电扇用,因此我们就让空调的功率更高,以实现快速降温的需求。最有趣的是,顾客更需要的是让遥控器变得简单易用,因为不少老年人看不清楚,也用不好,于是汇通达告诉厂商,必须设计最简单的遥控器。也就是说,如果能从商品角度为乡镇居民"定制化生产",那么将会有效地维系他们。由此可以发现,若想打开乡镇市场,就必须借助于落地的店铺——最好还是由熟人经营的,他们又懂经营、又懂消费者,还有很好的人际关系。只有这样,各类服务乃至未来的定制化商品才有可能出现。

为了有效落地,汇通达就要和既有的线下会员店合作,就需要一个平台来为之服务,如果让汇通达总公司负责,这是不现实的,因此汇通达就利用平台公司(所谓"大商家")来服务好会员店这些"小商家"。这些"大商家"都是在当地经营多年、被店铺所信任的企业,通过他们来服务,汇通达就可以做到和会员店的无缝对接。这个过程中,汇通达和平台公司成立合资公司,并控股,也就彻底掌控了中间环节。

汇通达大约有 500 个平台公司,每个平台公司为数百个会员店服务。这些会员店有大有小,平均的年营业额在 400 万元以上。截至 2017 年年底,汇通达的合作会员店有 7 万余家,这就使得汇通达有效地将业务伸入了乡镇一级。汇通达的思路就是首先组织好乡镇中的这些夫妻店,然后服务好他们,让他们成为汇通达坚实的合作伙伴,最后再改造他们,使他们能在市场中立于不败之地。于是,一套"B2B2C"的经营模式也就显现出来了。

2. 汇通达供应链上的金融创新

供应链可谓是决定一个企业生死存亡的要素,而当一个企业成为整条供应链中的一个重要节点时,它就可以通过掌握的商品流、资金流和信息流联系上下游企业,除了能以更低价格拿到更高质量的商品、影响到上游的商品生产以外,还可以利用其中的"流"打造根植于供应链上的金融创新。

乡镇家电行业的问题在于,旺季需要进货的时候没有钱。一方面,从银行贷款手续繁杂,又没有抵押物,因此申请极为困难;另一方面,即使申请下来,最短也是六个月的,即使提前还款,也要支付这六个月的利息,这对于夫妻店来说是相当大的财务成本,完全没有必要。

汇通达的思路就是对那些资信良好的会员店提供短期贷款,按天计息,随借随还,每天的利息只有万分之四,在旺季,基本来说十几天就可以把家电卖出去,这样资本的利用率就会非常高,小老板的资金压力也就会变得很小。由于一切交易的后台都在汇通达,我们就可以根据交易历史设计一套模型,计算出贷款的额度,这就相当于和银行做了一个资金池,不过不同点在于,钱都在账上,只能用于转账和结算,拿不出来,因此就形成了一个闭环,保证了资金的安全。在这个过程中,会员店的小老板们只需通过"超级老板 App"里集成的"星汇贷"申请入口,接入五星金服的信贷平台系统,进行额度的申请,五星金服风控系统基于汇通达的供应链系统及电商系统的交易数据进行授信及额度的审批,最快一笔只需要 8 分钟。

目前为了促进此类服务,汇通达会给借款的会员店每天万分之二的返利,并将所有返利打入合作账户,作为未来的货款,这样会员店在下次进货时就可以直接使用这笔钱。准确地说,汇通达给予的"金融帮助"是货而不是钱,而且因为完全在自己的体系内流通,可以说几乎是没有风险的。贷款还有一个好处,起初会员店可能是做 A 品牌,但是汇通达的金融服务中提供的是 B 品牌……那么未来不少会员店就会倒向汇通达的 B 品牌,因为汇通达可以帮助他们借到'钱',帮他们盈利,这样事实上汇通达就扩大了和会员店的合作。

汇通达平台因为会员店的盘活,借此建立起"汇通达—会员店—顾客"三方深度互动的 B2B2C 的黏性闭环。而供应链金融服务是一个双赢局面,会员店只需极低的成本就有了资金流和商品,汇通达不仅获得了利息,更强化了合作的纽带。

汇通达 2018 年 8 月份销售额已达 200 亿元,距其 5 月份公布销售额达百亿元仅有短短 3 个月,同比其去年取得 200 亿元销售额的时间也提前了整整 3 个月。与近年主流电商业绩平稳甚至部分低迷的环境相比,汇通达如此业绩与速度可谓独树一帜。汇通达坚持提质增效,深化会员店服务,以"互联网+智慧+供应链金融"赋能农村经济实体,激活农村经济,在乡村振兴的道路上杀出了一条新路。

7.4 供应链金融在乡村振兴中大有可为

十九大报告中习近平同志首次提出"乡村振兴战略",强调要坚持农业农村优先发展。中共中央政治局召开会议,将乡村振兴战略作为 2018 年重点工作。2018 年 2 月 4 日一号文件《中共中央国务院关于实施乡村振兴战略的意见》下发,乡村振兴全面开启。

2019 年 1 月 18 日,在农业农村部举办的"金融服务乡村振兴高峰论坛"上,农业农村部副部长余欣荣指出,进一步谋划推动乡村振兴需要进一步投资,初步统计至少在 7 万亿元以上,给了我们巨大的想象空间。余副部长进一步指出,农村金融的重点领域,一是需要金融进一步加力助推乡村产业发展,不断向规模化、标准化、品牌化发展;二是新型经营主体培育,目前我国家庭农场、农民合作社、龙头企业等新型经营主体超过 300 万家,但是,随着生产的发展、规模的扩大、结构的转型,其面临的贷款难、贷款贵、保险少等金融问题的矛盾日益突出;三是农村金融的重点是加快解决农村抵押担保难题,结合互联网、大数据技术应用,把信用贷款作为发展的主攻方向。

2019 年 1 月 29 日,人民银行、银保监会、证监会、财政部、农业农村部联合印发《关于金融服务乡村振兴的指导意见》(以下简称《指导意见》)。

《指导意见》中明确提出:"鼓励发展农业供应链金融,将小农户纳入现代农业生产体系,强化利益联结机制,依托核心企业提高小农户和新型农业经营主体融资可得性。"(图 7-6)

政策连续出台的背后是推动第一产业的再升级发展,这离不开金融,而从金融的角度来看中国农业的发展,当前的一大难题是农业融资需求大和融资难的矛盾非常突出。

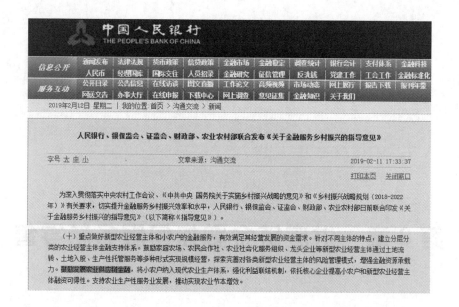

图 7-6

农业集约化、规模化发展是未来的趋势,这样才能形成规模效应,减少成本,提高效率。农民的自有资金包括两方面:一是农民的收入;二是农业生产的剩余。就农业生产的剩余来说,农业是一个比较脆弱的产业,有着比较低的生产积累率和有限的生产扩展能力;就农民劳动收入来说,农民的劳动收入地区分配不均衡、不稳定,某些农村家庭得到的劳动收入根本不能增加农业收入。农民使用自有资金发展农业生产,形成一定的生产规模存在较大难度,需要外部资金的支持。但是目前农业却出现融资难的现象,主要原因是:

(1) 对大多数农业小企业而言,存在产品同质化、恶性竞争等问题,导致利润水平较低,经营规模小,且企业管理的规范度、财务真实性较低,管理者信用意识淡薄,使得农业小企业信用等级普遍低,影响了银行给企业发放贷款的积极性。

(2) 大多数农业企业从事农产品加工生产或产业基地建设,固定资产不多,缺乏有效的抵押物。

(3) 获得股权融资很困难,一方面农业企业一般都缺乏专门从事公司资本运营的人才和物质技术基础,对接股权投资机构困难;另一方面中小企业整体实力较弱,发展存在较大的不确定性,抗风险能力弱,财务透明度低,很难满足公司上市的条件,股权退出困难。

供应链金融正好可以填补农业中小微企业融资的空白。供应链金融利用的是核心企业的信用优势,以核心企业向产业链上下游延伸,打通整个链条的物流、资金流、信息流,将分散孤立、高风险、低收益的农户和小微企业与实力雄厚的大型企业捆绑在一起,实现利益共享、风险共担的效果,改变传统金融机构与农户一对一的授信模式,解决借贷双方信息不对称的问题。

第8章 供应链金融如何服务新零售

- 8.1 新零售的由来及发展趋势
- 8.2 传统零售的痛点分析
- 8.3 供应链金融如何服务新零售

互联网时代,传统零售行业受到了电商互联网的冲击。未来,线下与线上零售将深度结合,再加现代物流,服务商利用大数据、云计算等创新技术,构成未来新零售的概念。纯电商的时代很快将结束,纯零售的形式也将被打破,新零售将引领未来全新的商业模式。

——马 云

8.1 新零售的由来及发展趋势

对于很多东西，我们在保有敬畏之心的同时，也可以用颠覆的逻辑或者创新的思考去做，但是不管怎样，一些根本的东西还是要回归。如今在谈"新零售"的人，大部分都在谈"新"，很少有人去思考"零售"。

"新零售"既然是"新"在前面，"零售"在后面，那么我们第一个要思考的应该是零售是如何演进发展的；相比于昨天，我们今天的零售又"新"在哪里？

从原始经济的物物交换到小店铺小资本经营，以及后来的百货商店、连锁店，零售业在市场上已经演进了接近一百年。真正的零售是从百货开始的。大家都知道，那时商品生产开始工业化，工业化之后才有了零售的跨地域流通，在解决了商品整合与调配的问题后，才有了真正零售业务的崛起；之后超市通过信息革命解决了效率问题；再到我们今天的无店铺零售经营，"新零售"这一概念从而产生。

纵观零售业演变历史上所有的变革，零售业在演进上的逻辑，从根本上还是没有突破"货、场、人"这三个核心要素。商品生产需要批量化，解决流通上的问题，所以最开始零售的由来与关注焦点就是货物。大家需要把货物组织起来拿到一个地方卖，然后货物的批量化生产越来越大，卖场也越来越大，就有了"场"的变化。从最开始是百货零售，到后面的品类卖场。国美、苏宁、沃尔玛，以及今天火爆的便利店，这一系列的发展与变化实际上都是"场"的变化。

中国在旧零售上一直都是以商品的整合调配和市场的人流区位为核心。包括今天依然有一些很优秀的零售公司，像国美、苏宁、美邦大卖场，它们以组货为运营核心，从来都不以消费者集合为运营核心。旧零售的关注点不在于"人"，但是如今第五轮零售的变化恰恰就是由"人"所引发的变化。确切来说，零售业经过了五次较大的变革与发展，而如今我们正处在第五次的变革转换之中。此次变革与转换，有两点是很关键的：

（1）第一点，零售业的前四次变革都是泾渭分明的，有很明显的分界点。但是现在却是很模糊的，包括马云在定义"新零售"时，他的关键词也是线上线下融合，换句话说，就是零售业是第四次变革成果与第五次即将完成的变革成果之间的一个融合。

（2）第二点是数据资产。这又是一个很模糊的概念，自从进入IT时代之后，我们就一直有数据资产，如今的变化给它带来的，主要是焦点与关注方向的改变。以前大数据可能更多是统计企业的整合度与分配度，而如今可能更多要转换到顾客资源的整合与线上线下流量的整合。

线上公司与生俱来的优势就是对"人"的把握，对"用户"的把握，"货"和"场"反而成了弱势。所以线上公司要向线下发展，最大程度整合线下"货"和"场"的资源，完成企业综合全面的规模扩张。这也是为什么"新零售"是从线上向线下发起的挑战,换句话说,就是线上的公司想要到线下扛个旗做个概念。

每一个时代对"货、场、人"三个因素的焦点与重心都是不同的。在现在这个时代,零售的重心如果还放在"货"和"场"上,没有在消费者和消费需求的共鸣性上做很好的把握,那么就不是"新零售"。同样,如果在客户端方面有很好的数据资源与运营计划,却没有把"货"与"场"这两个要素纳入发展计划之中,那么这也不是"新零售"。

在世界范围之内,无论是从政治、经济、历史、文化的角度来看,还是从今天要讲的零售角度来看,日本对中国是最有参照性的。一方面是因为日本的多元化业态目前处于世界顶端,另一方面是日本与中国有很多相同的轨迹。

日本有三个很重要的消费时代,第一个消费时代以国家为导向,最典型的特征就是百货的崛起;第二个消费时代以家庭为导向,日本家电自有品牌崛起,比如索尼、松下、夏普这些公司,包括汽车产业的崛起都很好地说明了这个时代的特征;第三个消费时代以个人为导向,在很大程度上体现为,与个人品牌相关的产业开始大幅度发展,比如说便利店的发展开始超过百货超市。这就是日本消费结构一个大体的演进历程。

而我们战后都干了什么?建设新中国,搞"大跃进",一直到后面很长一段时间,我们的消费都是以国家为导向的,到目前为止,才刚刚迈入以家庭为导向的消费时代。我们目前所经历的,实际上就是日本第三个消费时代的过程。互联网和移动互联网所激活的,就是以个人为中心的消费。

放到一个更为长远的目标上来看,日本真正的"新零售"革命其实发生在三十几年前,也就是从1980年到1990年。他们那个时代和我们现在这个时代是很相似的。举例来说,日本的一批大品牌都是在第三个时代群起的。比如说现在整个零售业都在讨论的便利店,1969年日本就有了第一家便利店;7-11是1974年日本从美国引进的;东京首创诞生在1976年;无印良品诞生于1980年。所以今天中国很多新零售业态和新零售组织,在日本已经有了二十多年运营经验,而我们还处于刚刚开始的话题讨论与运营试验的阶段。

消费从何而来?一个核心就是"人",所以我们的"新零售"在很大程度上要回归到"人"这个要素。处在第三个消费时代的日本,开始进入到老龄化社会,消费结构从年轻人群迅速下滑转向老年人群,消费增长率由10%左右变为4.2%左右。到现在,日本的老龄化程度达到27%。但是最近有一个报道中说,中国依然是零售增长最快的国家,零售增长率达到10%。为什么呢?尽管我们的老龄化程度已经达到了16%,但人口基数、消费基数都足够高,所以很多问题都被庞大的人口基数和消费市场所掩盖了。这种消费结构的失调性,其实需要很长一段时间去接收与调整。人口基数和人口结构已经成为中国消费很大的问题。2016年的中国、1995年的日本和2006年的韩国,在消费水平与经济状况以及经济拐点大体一致的情况下,中国人口比例与结构是完全没有办法与日本和韩国相比的。

我们的人口基数是他们的十倍,驱动零售变革的一个很重要的原因就在于人口,不过中国的人口红利在近年来迅速消失。中国的零售过去很长一段时间都是靠人口红利驱动的,2010年之前,我们的人口结构与如今的印度很相似,不需要在技术上做很大改变,把品牌锁定在主流的消费区域与消费者都必定能赚钱,经济与消费是完全的正上涨性。像印度这样的情况,在我们国内一直持续到了2010年左右。

真正的人口结构改变了之后意味着什么?意味着消费市场真正的分野。目前,我国60岁及以上人口数近2.5亿,已经形成了足够大的消费市场。相对来说,针对年轻人的商业运营模式,在这个消费群体里就起不到明显的作用了。我们的商业,甚至我们的社会服务都开始锁定老年人市场。之前零售的焦点都在主流人群上,而今非主流变为了主流,这就迫使零售必须进行全新的变革。

在这样一个人口变化的背景下,我们认为消费分野是即将面临的也是"新零售"要着手处理的最重要的一个问题。之所以不用消费"分层""降级"和"升级"这样的概念,是因为这样的消费观念在今天是有问题的。我们从大众经济开始到分众经济,甚至之后可以做小众经济,互联网的小众其实就是一个新的大众,这是互联网和移动互联网给我们带来的改变。在这个时候,一个新的经济学模型出来了,我们完全可以用新的经济学模型去做未来的事情。

未来,"新零售"核心就是线上与线下两个界面的加速演进。之前所讲的"货、场、人"的问题,实际上一个是后台效率的问题,一个是前台体验的问题。前台是面向我们的用户,面向消费者的;而后台主要是面向企业,改进企业管理与资源整合分配效率。

对所有企业来讲,"新零售"的转化是一个要素的叠加。就像便利店前台还是便利店,但是后台已经发生了翻天覆地的变化。例如日本的7-11,其后台的变化不可同日而语,如今的盈利水平也不可同日而语。再比如京东的刘强东,他关注的也是后台变化。他说不追求盈利,因为他在物流上如果降低一个点的成本,对京东来说,后台的物资供应链1 000个亿的话,一个点是大约10亿的成本节约,这就能在很大程度上转化成利润。当然我们这里说的降低,并不是他后台供应链质量与效率的降低,而是相反的,从各个方面提高后台供应链的质量与效率,减少资金比率的投入,就能做到成本节约,实现产业盈利。

在"新零售"的时代环境之下,我们的核心逻辑是什么?我们能改变什么?我们不能改变什么?每一家公司在做了这个选择题后都会收获不同的成果。"新零售"要到哪里去?换句话说,就是如今的"新零售"状态在未来会演变成一个什么样的形势?综合分析,我们认为"新零售"会有以下四个方面的趋势。

首先就是业态的演进与升级。名创优品是今天讨论的"新零售"企业的一个典型，它在日本对应的企业就是大创，也就是日本的百元店。名创优品从某种意义上来讲，就是在中国做了百元店的生意，因为我们的经济也如之前的日本一样，就要陷入一种低迷和紧缩的状态，消费者也已经进入到一个特别厌倦的阶段。中国关于百元店的这种业态是没有的，名创优品就以一个全新的形式冲出了市场。

其次是商业逻辑的变化。我们现在看到的日本消费市场其实是非常大的。例如，美国一九四几年出现药妆店，日本的药妆店出现在一九六几年，而药妆店在我国才刚刚开始，日本的药妆店在这几十年的历史中已经经历了三四次更迭，所以如今大家才能看到像松本清这样的药妆品牌。它的背后代表了什么？它代表了药房＋生活杂货＋实体＋部分的日用品，这种产品组合完全不符合超市产品的组合逻辑，这背后其实是商业逻辑在发生变化。

再次是品牌的变化。今天尤其要在市场上强化做品牌的概念。做品牌最关键的是底层设计，底层设计在目前处在什么样的位置呢？可以说，它是基本条件，是企业发展必须要具备的一个元素。如果这一点做不到，那么就已经失去和别人竞争的能力，连入场券都拿不到。所以，我们过去叫零售的集合店，未来也一定会慢慢过渡成SPA模式。无论是无印良品还是优衣库，都是SPA模式，也就是有品牌专业的零售商经营模式。"新零售"发展的未来也会从产生专卖店，开始慢慢向SPA模式过渡，这是一个很重要的零售跨越。

最后就是更加注重体验。作为一个品牌，作为一个"新零售"公司，无论是什么样的外在逻辑表达，从本质上来讲还是服务顾客的，所以顾客体验就变得尤为重要。像目前日本的提案式销售零售业，也就是今天我们常说的生活提案型公司。以前零售是不做提案的，比如说沃尔玛、家乐福，它们如今为什么会被电商淹没，是因为它们的商业模式是货物的堆积，让顾客自己选择需要的东西。

现在线下的零售业想要活下来，一定是由一部分人提供商品，一部分人提供服务。但也不是说，线下的零售业要为顾客从无到有，提供无限制的服务。这是未来发展的一个核心业态，一种核心的商业模式。当然还有我们今天随处可见的网红商业、主题商业等，都需要在未来去深度探索与挖掘。

其实"新零售"的发展就是以顾客和用户为核心的一次转变。从根本上来讲，生意的本质是为人服务，是做给人看的，能为顾客创造不同于传统领域的价值点，这就是在"新零售"时代下，企业所面临的发展机会。包括我们所说的商业逻辑，同样也是以顾客为核心而产生的。企业在"新零售"时代下关于"场"的升级也是以顾客为核心，从以前升级卖场到现在的升级买场，以顾客为核心的场地改变与以前是完全不一样的。

但是有很多企业把大数据当成了"新零售"发展的核心，中国目前还没有一个企业能把大数据做好的,包括阿里巴巴。因为我们所收集到的数据不完整,没有一家公司能做出完整闭环的数据。并且目前的大数据是用来追踪、分析和挖掘,而在"新零售"的环境下,做大数据的核心是做消费的预测和洞察,如果做不到这一点,所谓的大数据都是没有用的。

8.2 传统零售的痛点分析

对照上一节我们说了很多新零售带来的一些革命性变化,本节我们将从传统零售的角度,来分析一下传统零售目前遭遇的困境。只有理清在移动互联网环境下传统零售到底有哪些痛点,为什么传统零售不行了,是哪些因素或者环节存在问题,我们才能更好地理解新零售,把握好新零售的机遇。

从宏观经济方面看,传统零售面临以下几个环境现实问题:

第一,宏观经济增速放缓,人力及租金成本持续攀升,实体零售业危机显现;

第二,平台经济、共享经济、微经济三位一体,相辅相成,构成新经济的基本形态;

第三,跨境经济重塑全球贸易格局,实现"普惠性"增长;

第四,C2B运作日趋主流,推动个性化定制、柔性化生产;

第五,在移动互联网环境下,零售业人、货、场的关系在重构。

从微观方面聚焦消费者来看,我们发现:

第一,主力消费群体发生了变化,泛80后成为主力消费群体;

第二,主力消费群体的消费能力与消费意愿超越了上一代,有力推动了消费升级,分层化、小众化、个性化特征明显;

第三,主力消费群体的消费习惯发生了变化,线上购物成为一种常态。

基于这种环境背景,我们再来分析传统零售的痛点。从表面上看,传统零售的痛点是刚性上升的成本与刚性下降的毛利空间之间的矛盾。实际是这样的吗?当然不是,这只是最终的结果体现而已。那么传统零售的痛点到底是什么?回到商业的本原,谈零售的时候,最终还是要回到人、货、场三个字。人、货、场是零售行业永恒的主题。

今天,移动互联网虽然带来了很多变化,但是人、货、场这三个字没有改变,变的是我们的商业最终用互联网的技术和思想去重新构架人、货、场的关系,重新在这中间寻找新的机会和产生新的效率。整个商业的发展在走向新零售,在围绕着人、货、场进行重构,特别是人、货、场当中所有的商业元素在进行重构。经过总结分析,我们认为在移动互联网环境下,传统零售主要存在以下痛点:

首先,从"人"的方面看,传统零售存在的痛点是:

(1) 不知道消费者是谁;

(2) 不清楚消费者到底想要什么;

(3) 不知道满足消费者什么需求;

(4) 不清楚消费者到底在哪里。

我们用一句话总结就是:缺乏精准的目标消费群体定位,目标消费者的画像非常模糊。面对竞争激烈的市场形势和变化了的消费需求和消费行为,传统零售实体店的痛点就在于"一店通吃"和客群模糊的定位。在移动互联网环境下,"通吃"将难以生存;"精准"将有更广阔的市场发展空间。越想做多越不容易做多,越想做大越不容易做大;越是精准定位,越能吸引目标消费者,增强与目标消费者的黏性。

那么,在移动互联网新环境下,盒马鲜生又是怎么做的呢?

盒马鲜生更加精准地定位目标消费者。用侯毅的原话讲,盒马鲜生80%的消费者是80后、90后。他们是互联网的原住民,他们是在改革开放以后富裕起来的中国,成长起来的一代消费者,他们更关注品质,更关心对品质的追求,对价格的敏感度不高。

侯毅表示在新环境下做门店的境界就是要让目标顾客一进入门店马上就能深刻感受到这家门店是为他而开的,有他需要的商品和服务,是他想要的购物感觉和购物体验,能在较短的时间内产生比较强烈的感知,进而能通过一段时间的购物体验,对门店产生依赖。

我们从盒马瞄准的目标消费群体来看:一是足够大,庞大的人口数量奠定了未来的消费潜力;二是有着特殊的消费需求。为此,盒马鲜生依据新的消费环境,重构了一套新的消费价值观。第一叫"新鲜每一刻"。盒马鲜生认为新的生活方式就是买到的商品都是新鲜的,每天吃的商品都是新鲜的。盒马鲜生把所有的商品都做成小包装,今天买今天吃,一顿饭正好吃完。盒马鲜生认为消费者追求的是新鲜的生活方式,所以盒马鲜生不追求所谓的大批量、大包装,所有的商品只用一次就够了,你需要什么就买什么,盒马鲜生会快速送到你的家里,永远让你吃新鲜的。盒马鲜生的"新鲜每一刻",就是要让大家的生活品质得到保障。第二叫"所想即所得"。当你在上班的时候,当你在下班途中,当你突然有事没有时间去买菜的时候,你都可以在盒马鲜生 App 上下单,商品会和你同步到家。盒马鲜生线上线下的高度融合为消费者提供了随时随地的购买便利,全天候的消费便利,比如说下雨天盒马鲜生的线上销售就非常火爆。关键是盒马鲜生提供的线上商品和线下商品完全是一样的商品、一样的品质、一样的价格。可以满足消费者随时随地、在不同场景下的需求,实现"所想即所得"。盒马鲜生认为让消费者的生活更加方便是盒马鲜生的使命。第三叫"一站式购物"。盒马鲜生的门店面积有限,通过线上扩大品类,并推出各种各样的商品预售,来满足消费者的各种需求。盒马鲜生是围绕吃来定位的,会满足你所有吃的问题,提供所有吃的产品,所以在吃的一站式服务上,盒马鲜生具备巨大的商品竞争能力。第四叫"让吃变得快乐,让做饭变成一种娱乐"。盒马鲜生不断推出各种各样的活动让消费者参与,让80后、90后消费者在家里做每一顿饭的时候都能够体现他的价值。所以盒马鲜生在整个店里面设置了大量的分享、DIY、交流等。让"吃"这件事变成娱乐、变成快乐,消费者会产生强烈的黏性。盒马鲜生就是基于消费者体验创造了一种新的生活方式,让大家生活更加美好、更加开心,这也是盒马鲜生从创建以来一直追求的初衷。在新的消费环境下,盒马鲜生构建了自己的消费价值观。

因此,基于以上解读,我们可以得出一个结论:新零售必须基于对当前变化了的新消费的准确把握,并以此为基础,重构新的消费价值观。每一个企业都需要结合自身的实际,构建自己的新消费价值观,以此指导企业进行新零售变革,而前提就是要更加精准地定位目标消费者。

其次,从"货"的方面看,传统零售存在的痛点是:

(1) 商品的结构与品类的组合,是以门店的规模和模糊的商圈概念来划分定位的,只是为顾客简单提供商品;

(2) 产品和服务同质化严重,与竞争对手存在千店一面、千店同品现象。

而盒马鲜生的商品结构与品类组合是基于场景来定位的,盒马鲜生主要围绕着"吃"这个场景来构建商品品类。首先,在"吃"的商品品类构成上,盒马鲜生远远超越了传统超市和卖场,所以在"吃"这个环节上,盒马鲜生一定能够给消费者带来满意的服务。其次,在商品结构方面,盒马鲜生模式改变了传统超市和卖场的品类组合原则,使整体的品类组合更浅,更加扁平化。盒马鲜生追求的不仅仅是简单地为顾客提供商品,而是提供一种生活方式的经营理念,他们期望的是将更多以往在家庭完成的事情放到门店来完成,为顾客提供的是可以直接食用的成品和半成品。因此,盒马鲜生改变了传统超市和卖场的商品结构。再次,实现超市与餐饮的融合,盒马鲜生颠覆了传统零售业和餐饮业。餐饮不单单是盒马鲜生的体验中心,更是流量中心,带来了消费者的黏性。餐饮还是盒马鲜生里面的加工中心,它可以提供更多的半成品和成品在线上进行销售,丰富了线上的销售结构。

再次,从"场"的方面看,传统零售存在的痛点是:

因为受到场地面积、营业时间的限制以及地理位置的局限性,导致实体店在商品的丰富性、多样性以及服务的半径、便利性等方面均不及电商。电商的便利性则体现在送货上门服务以及可满足随时随地的购物需求,而这也是最能满足消费者因时间碎片化形成的服务需求。我们用一句话总结就是:传统零售只有线下实体的"场",而缺少线上虚拟的"场"。

而盒马鲜生却实现了线上线下的高度融合。不论是线下实体门店的体验价值,还是线上消费的快捷便利,以及与平台企业的高度融合,扩展更大的消费空间,均为消费者带来了更好、更丰富的消费体验。盒马鲜生的一个特点就是快速配送,只要在门店附近3公里范围内,就能确保在30分钟内快速送达。另外,盒马鲜生还有一个最大的特点就是突出了另外一个"场":即"场景化"的"场"。不管是从盒马鲜生的定位,还是从商品结构来看,盒马鲜生已经彻底改变了传统零售以商品为中心的经营模式,走向以场景为中心的经营模式。盒马鲜生已经打破了传统零售的品类概念,实行的是以场景化为中心的商品组合,追求为消费者提供便利、品质的生活方式,真正为市场指引了在移动互联网环境下零售商业模式生态化重构的方向。

最后,我们不禁会问,到底是什么在推动人、货、场关系的重构呢?是消费升级吗?是,但又不是。我们研究得出了答案:是技术与数据直接推动了人、货、场关系的重构。如果技术与数据条件不成熟,即使消费升级了也无法推动人、货、场关系的重构。大家知道传统零售实体企业缺的是什么?缺的是技术。输的是什么?输的是数据。输在了没有真正、精准地了解消费者的需求,输在对消费者不可识别、不可触达、不可洞察、不可服务上。

因此,传统零售实体企业要变革新零售,就必须更加准确地切入目标消费者的生活,以场景为中心,为消费者创造更加便利、快捷、时尚、休闲的生活价值,这才是新零售变革的方向。同时,在移动互联网环境下,场景流量的日益壮大,导致消费流量入口呈现出碎片化、立体化的特点,加之消费升级与主力消费群变化,单一或者隔离的销售渠道难以满足消费者对体验的更高诉求。越来越多的传统实体零售企业已经意识到,当下已经不是讨论要不要转型的问题,而是讨论该如何转型的问题。

传统实体零售企业在转型过程中,从消费者角度必须遵循的四大核心法则是:

(1) 体验为王。无论商业规则如何改变,只要是商业,本质上都要求为消费者提供更有价值的商品和服务,使消费者的体验更好,即解决消费者的痛点。

(2) 移动的场景。在移动互联网环境下,消费不再限于线下店铺、家庭、办公场所等少数固定场所,而与消费者的生活场景直接联系。消费者走到哪里,哪里就成为消费场景。

(3) 立体化匹配。一是场景流量碎片化后的场景选择与多场景下的方案协调匹配;二是线下、互联网、移动端渠道的方案协调匹配;三是企业价值链各环节如品牌、产品、渠道的方案协调匹配。

(4) 消费者数据化。消费者数据化的关键是建立大数据与社群。这对传统零售企业而言并非易事,但可以从两方面着手:一是利用内外部数据资源,尤其是外部平台大数据分析,完成消费者画像和生活场景的把握。二是利用社群不断更新了解核心消费群。很多传统零售实体企业利用微信等手段建立会员社群,仅仅是将其作为品牌宣传推广、促销告知、建立品牌黏性的通道，忽略了其深入了解消费者的功能。如会员社群的交流，从某种程度上可以定性或者更感性地了解核心消费群的生活消费习惯以及对产品和服务的体验等关键信息。

8.3 供应链金融如何服务新零售

企业运营一般有三个重点：产品、营销、供应链。我们发现在新零售时代，供应链变得越来越重要。好多顶尖的企业一定是供应链做得非常好，反而不怎么做营销，比如像 ZARA、宜家这样的零售商，供应链做得就非常好。如果你采用新的技术，适用新的消费需求，获得超过行业平均绩效水平的经营结果，那么你就是新零售。这些都需要时间的检验，5 年后我们才能看清楚谁是真正的新零售。我们做供应链的目标是什么？是帮助零售端更赚钱，而不是让自身的效率更高，所以整个供应链最重要的目的就是产销的协同。

商业的本质本身就是怎么快速实现价值流动，如果你流速很慢一定会库存很高或者断货，运营成本高，一定会出现这样那样的情况，所以供应链未来还有很大的潜力可以去挖掘。而这一过程中遇到的库存高、断货、成本高的问题要怎么解决呢？答案就是供应链金融！

有业内人士指出，零售企业的转型发展不能完全依靠自身力量，而要借力新型金融工具和技术手段。零售企业通过供应链金融服务注入资金流，同时，借助大数据、人工智能、生物识别等技术手段打破信息壁垒，构建智慧化新零售生态圈。这样才能有效克服以上三大难题，提高商业运营效率。

由于零售行业庞杂，市场足够大，很难产生供应链金融领域的寡头企业，同时，伴随着供应端、服务端、零售端的专业化、开放化与社会化，也不会出现所谓的核心企业各自经营各自供应链金融的格局，而是"资本、服务、渠道并存"的供应链金融市场格局，去中心化的趋势已经到来。那么未来新零售下的供应链金融服务的核心是什么呢？

未来新零售下的供应链金融服务将会以客户为中心。以客户为中心有利于核心企业更加紧密结合市场设计产品，从而提升消费体验和消费升级，但消费供应链金融如果要形成产业市场化，还需要各方尤其是核心企业的觉醒，所以权且将现阶段的供应链金融叫做"渠道为王"。而"以人（客户）为本"则不仅仅是要求链主企业自身的改善与转型，也需要整个供应链与零售环境甚至社会环境的改变与转型，比如遵守契约精神、开放场景与数据、打造商流与资金流的闭环、核心企业做信用背书等。但未来供应链金融业务必将呈现资本、服务、渠道三方在"以客户为本"的原则下进行合作，而且相互之间也很难进行"本质性"的替换。

供应链金融服务于新零售,可以从下面三点切入:

(1) 对于新零售中的商品供应环节,对于核心企业来说会授权给一些经销商,供应链金融可以凭借核心企业授信及数据分析,为这些经销商提供资金支持,缓解其资金周转压力。

(2) 对于新零售中的物流环节,一些运输公司、快递公司总是希望更快拿到应收账款,开展其他业务从而扩大经营规模。那么,通过供应链金融的接入就可以满足其需求。

(3) 在仓储这个环节,我们可以综合考虑上下游企业的交易、库存、位置等数据,通过大数据分析可以做风险定价和风险评估,从而核算风险贷款金额。

从本质上来看,供应链金融的接入,大大提升了新零售供应链的运营效率,同时降低了从事新零售企业的运营成本,可谓是给新零售生态圈注入了一剂强心剂。

新零售供应链金融的前景分析:

(1) 在新零售这一业态中,流通链条的缩短,数据的低成本流动,拓展了供应链金融市场。未来,供应链金融服务将呈现多维度、高频次、多触点的特征,并以"客户为本"为原则与业态中的企业进行合作,也将从中获取更多收益。

(2) 从全球范围来看,供应链金融在快消品供应链/零售行业的发展其实也不算新鲜事情。欧盟发布的一份报告指出,即使是在金融体系发展相对成熟的欧盟国家,供应链金融业务的空间也十分巨大。从国内来看,目前几乎所有大型零售商都在尝试或者开展供应链金融,尤其是年销售额超过100亿元的零售企业基本都是以"产业银行"的愿景在布局供应链金融、消费金融。保理公司、小贷公司、消费金融公司甚至银行等均有涉足。

第 9 章　供应链金融在餐饮行业的应用

9.1　餐饮业和餐饮供应链金融现状

9.2　餐饮供应链金融应用案例

9.3　餐饮供应链金融的市场潜力

　　近两年,随着餐饮业供应链概念的普及,餐饮业整体标准化、工业化程度快速提升,企业发展过程中对于资金的需求也愈加强烈。在餐饮供应链端也出现了一批带有不同基因的供应链金融玩家,他们的进入为餐饮业发展注入了新鲜血液,也为苦于融资难的餐饮企业提供了新机遇。据了解,2017年,餐饮行业整体市场规模超过3.9万亿元;据预测,到2020年更有可能突破5万亿元。餐饮供应链金融确实是一片有待开发的蓝海,而如何打开市场并做好风险管控,将是这类企业可持续发展的关键。

9.1 餐饮业和餐饮供应链金融现状

1. 我国餐饮业现状

中国的餐饮市场是一个年营业额高达 3 万亿元的增量市场。目前,全国有超过 500 万家餐厅,而在这 500 万家餐厅背后,隐藏着一个年营收高达万亿元的餐饮供应链金融市场。

(1) 餐饮企业属于轻资产型,现金流非常好

经营业态的特点是存在着大量不规范性内容、非标准化内容,收款方式灵活。企业扩张发展时,资金的来源仅靠经营的积累难以满足。许多餐饮企业正在寻求转型,面临暂时性的困难,正在进行调整,需要资金。

(2) 餐饮供应链管理存在痛点

供应链金融兴起的本质起源于供应链管理,而在餐饮行业,由于行业集中化程度较低的主要原因,仍然缺乏完善的、先进的供应链管理理念。

餐饮产品以食物为主,原料多为农产品。分散的农户或中小型供应商在原材料供应商中占据重要比例。企业与这些原材料供应商之间没有建立起长期性的合作伙伴关系。买卖相对自由,缺乏战略眼光。

目前来看,虽然行业内已经兴起了一大批以客如云、哗啦啦等为代表的 SaaS 服务商,但仍未形成一个完善的供应链管理系统。

(3) 餐饮企业融资难

上市难一直是国内餐饮企业面临的问题,到目前为止,在 A 股上市的餐饮企业仍然屈指可数。尽管新三板相较 A 股对于企业的要求较低,但目前也未成为餐饮企业主流的融资渠道。

此外,众筹、借入资本等融资方式的出现,也为餐饮企业提供了新思路,但是知名众筹餐厅先后暴毙、资本方与企业方闹僵的案例屡见不鲜却也是不争的事实。

(4) 餐饮食材行业提升空间大

业内人士指出,一个行业必然经历 3 个阶段:商业资本→产业资本→金融资本。房产、汽车等已经开始由产业化向金融化过渡,而餐饮食材供应链却尚未完成产业化,仍处于高度离散的"前店后厂"个体户作坊阶段。

餐饮行业集中程度低,供应链存在断层,这给互联网企业留下了空间。3.9 万亿元市场总量中,采购环节有 1.2 万亿元,占总营收的 33%。中国餐饮企业 100 强的规模总和,占行业总量的比例不足 5%,规模最大的海底捞也仅有 70 亿元。

2. 供应链金融对餐饮业的影响

餐饮企业通过传统的金融机构去完成其融资计划非常困难,需要引进第三方投融资机构。如果用传统的方式授信与尽调,银行和第三方金融机构也难以覆盖其成本,并且做一遍授信的收益与成本、投入和回报完全不成比例。

餐饮供应链金融与传统融资方式不同。一方面,传统餐饮金融更重视资本的导向性,而餐饮供应链金融是以市场和客户需求为导向;另一方面,餐饮供应链金融的服务属性更显著。它是一种将核心连锁企业、上下游企业有机联系、结合的高灵活度的金融产品及融资模式。

正因为它的强关联性,餐饮供应链金融在金融需求较小的情况下,需要与更多的企业建立联系。在经济形态上,它更偏向于中小微型餐饮企业,提供更多元化的金融服务产品。

同时,餐饮供应链金融可以充分构建客户、供应商、制造商、经销商、服务商的完整生态架构,将企业、市场、用户通过金融服务快速联系起来。

3. 餐饮供应链金融模式

从整体来看,餐饮产业链涵盖四部分:产地—物流—餐厅—支付(图9-1)。

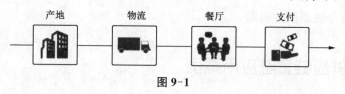

图 9-1

从餐饮产业链的食材流通来看,一般要经过6个环节:食材生产商—食材采购商—食材加工商—食材分销商—餐厅—消费者(图9-2)。

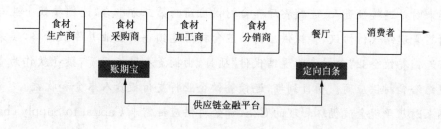

图 9-2

(1) B2B 自建物流模式

该模式主要有链农、美菜等创业公司,主要面向中小餐馆,为它们提供原料预订、分拣、配送等服务。这种模式较重,不易快速发展。而众美联是由小南国、外婆家等发起,国内200家中大型连锁餐企参与的采购联盟,主要是联合会员企业采购以降低成本。

(2) B2B 平台模式

该模式主要面向中小餐馆,为它们搭建原料采购平台,商家进行自提。以大厨网为例,暂时不做配送服务,可以很快在全国复制,迅速打开全国市场。但后期的话,相信大厨网也会增加配送服务，使服务更完善。

(3) B2B+C 模式

该模式主要面向中小商家，是线下生鲜店 2C 零售自提的模式。也就是既为中小餐厅进行配送，同时也通过线下生鲜店对周边社区用户进行自提销售。以小农女为例，小农女在创业前期，主要做餐饮 B2C 模式，直接为 C 端消费者提供食材服务，在这一尝试失败后，小农女转型做的是 Farmlink(链农)＋线下生鲜店 2C 零售自提的模式，也就是既为中小餐厅进行配送，同时也通过线下生鲜店对周边社区用户进行自提销售。

我国目前餐饮业最为普遍的模式是从自身 SaaS 运营管理切入，获取企业的用户数量、销售波动、现金流等数据，从而向金融服务延伸。SaaS 平台是运营 saas 软件的平台。SaaS 提供商为企业搭建信息化所需要的所有网络基础设施及软件、硬件运作平台，并负责所有前期的实施、后期的维护等一系列服务，企业无须购买软硬件、建设机房、招聘 IT 人员，即可通过互联网使用信息系统。

SaaS 是一种软件布局模型，其应用专为网络交付而设计，便于用户通过互联网托管、部署及接入。在信贷环节采取定向支付（现结代付）等方式，在供应链上下游直接结账，降低专项资金被挪用的风险。

9.2 餐饮供应链金融应用案例

案例一：筷来财

筷来财是连接投资人、连锁餐厅和食材供应商的第三方平台，连锁餐饮企业与食材供应商签署现结代付协议，食材供应商供应食材给连锁餐饮企业并降低价格，筷来财平台发布连锁餐饮企业"食材采购现结代付"项目，由投资人进行投资，投资款作为食材采购款现结给食材供应商。项目到期，连锁餐饮企业将支付投资人本金和收益。

筷来财基于现金流循环管理的 C2S(资金对供应链需求 Capital to Supply chain)模式，将连锁餐饮、金融机构、专业律所、贸易机构、大数据及云服务机构等整合到一起，将供应链优化和金融服务的需求结合到一起，为食材供应链提供可循环的信用化资金解决方案。通过整合互联网、大数据、云计算和金融风控技术，解决餐饮企业的账期问题。

具体而言，筷来财开发了双层业务模式：

(1) 底层供应链运营和管理 SaaS 工具。它打通供应链各个环节，并将其互联网化、数据化，形成完整的供应链运营平台，优化餐饮供应链体系。

(2) 上层金融服务。筷来财通过对餐饮供应链业务链条、资金链条、法律链条的把控，向餐饮企业提供食材采购环节的融资服务。目前，筷来财已经完成"现结代付"和

"流水贴现"两个版本的开发迭代(图9-3)。

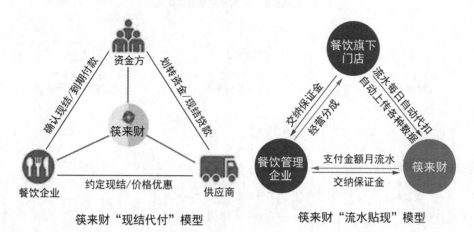

筷来财"现结代付"模型　　筷来财"流水贴现"模型

图9-3

在科技和风控方面,筷来财开发了大数据服务与创新风控管理平台"天眼风控系统",整合公开数据和运营数据,并通过互联网技术实现在线化、直观化、自动化、智能化。此外,还通过线下尽调团队,对企业的经营资质、交易记录、股权结构等情况进行核实,并且单笔审批额度不超过企业供应链规模的80%。

在资金渠道方面,筷来财的机构资金占比为60%;自建平台资金占比为30%,目前平台上投资人年化收益率约为9%。李宏文向亿欧表示,目前正在发力金融机构和ABS。

案例二:钱到到智能餐饮管理SaaS平台"菜么么"

钱到到成立于2015年,主要产品是SaaS云餐饮管理系统,涵盖了餐饮企业前台收银、移动支付、会员营销、采购库存、物流管理等功能,如图9-4所示。

钱到到以餐饮SaaS信息化服务为切入口,构建基于餐供大数据的行业风险控制体系,并在此基础上提供专业的产业供应链金融服务。一方面,"菜么么"打通内部ERP和外部供应链,帮助餐饮企业对接上下游资源;另一方面,开发全系统兼容的软件,解决餐饮商户"换一套管理系统就得换一套硬件设备"的难点。

钱到到向餐供产业参与者提供包括前台的点单、结算、外卖、SEM营销,中台的多店面、多岗位绩效、加工、生产、库存、采购管理,后台的供应链自平台、商城自平台、供应链金融等服务。

案例三:晋贤供应链管理(上海)有限公司

晋贤供应链管理(上海)有限公司于2016年5月23日在奉贤区市场监管局登记注

图 9-4

册成立。其为前晋集团旗下的子公司,聚焦于食材领域。晋贤餐饮供应链金融平台拥有自身数据、信用、资金端加保险四大优势。

1. 数据端拥有餐饮供应链数据分析系统。早在十年前就投资建设了餐饮供应链数据分析系统,用系统分析餐饮企业经营情况、评判餐饮企业优劣,系统内所有餐厅的经营情况都能够得到非常客观的优劣评判。

2. 将新一代餐饮企业数据直接导入系统里,并将其推送给第三方金融机构。对金融机构而言,可以直接省去线下详细尽调所耗费的大量时间、人力和物力。

3. 通过餐饮供应链管理系统渗透到供应链各个环节,管理销售并与渠道客户协作,将需求链、供应链与企业内部管理完整对接起来。将餐饮的生产链和供应链一体化,从上游的种植到下游的出品全环节都可信息化追溯,农场、工厂、仓库、冷链物流、餐饮企业都在一个信息化系统里相互连接和沟通。

4. 与全国行业信用评价执行机构共同打造全国餐饮行业金融信用平台。通过对餐饮提供的数据以及平台所采集的数据和资料进行分析,对餐饮企业进行信用评级,判断其经营情况和盈利情况,从信用角度对餐饮企业进行量化和评判。

案例四:北京梦哆啦网络科技有限公司

梦哆啦是提供专注于酒店餐饮等大消费行业咨询服务的互联网金融科技公司,以移动互联网、大数据科技、餐饮、酒店实际消费场景以及生态链发展模块为基础,提供以资金管理咨询,企业级消费金融服务方案,餐饮、酒店企业消费场景为核心的供应链金融信息服务等。

梦哆啦主要是"由金融信贷向供应链延伸"的反向路径,暂时没有 SaaS 平台依托,但在风控环节坚持"主业挣钱,钱用来做主业,一次授信核定,按实际项目场景需求分批投放"模式,可以达到同样的目的。

在数据获取层面,梦哆啦采取直截了当的方式,由餐饮企业申报,然后录入梦哆啦项目数据库和风控模型,通过线上线下结合的方式进行数据检验和信贷审核。此外,梦哆啦还采取与供应链服务商及SaaS服务商合作的方式获取多维度数据,其中包括海底捞旗下的蜀海供应链、联友餐配通等。

梦哆啦产品的标准化和业务流程已经趋于成熟,目前正在研发以信贷为核心的一体化金融服务系统,有望迅速实现线上化操作与管理。

9.3 餐饮供应链金融的市场潜力

我们知道,21世纪不是公司与公司之间的竞争,而是供应链与供应链之间的竞争。著名企业如苹果、华为、肯德基、麦当劳、阿里、京东等都开始抢占供应链市场,并且向供应链金融延伸。据市场报告数据显示,中国供应链规模目前已经超过10万亿元,预计到2020年可达近20万亿元。这样量级的市场空间,有许多姿势可以生长出"独角兽"。作为在国民经济中占有重要位置且保持良好发展趋势和增速的餐饮行业,餐饮供应链金融必然越来越热。那么餐饮供应链金融是否具有发展前景、其市场体量有多大、如何控制餐饮供应链金融风险?

1. 餐饮供应链发展前景

随着人们生活水平的提高,外出就餐、朋友聚会越来越普遍,从而推动了我国餐饮行业的发展。为了获得较大市场份额,一些餐饮企业通过开分店、连锁店的形式做大企业规模。而作为餐饮企业的粮草——包含原料采购、加工、仓储、配送、食材烹饪、产品销售等环节的餐饮供应链急需协同发展。

餐厅与餐厅之间的竞争已经成为餐饮供应链与餐饮供应链之间的竞争,优秀餐饮企业后面都有一个优秀的餐饮供应链作为支撑。餐饮供应链优化即从供应链整体的角度出发,以整条供应链利益为中心,整合各成员企业的资源,共享信息,相互协作,降低供应链成本,提高供应链响应速度,增强供应链整体竞争力。

2. 餐饮供应链金融的机会有多大

当今,资本非常青睐互联网餐饮,针对餐饮的供应链金融应运而生,资本如何改造这个产业也是个热门话题。资本对餐饮行业的改造主要分为三个方面:

(1)体现在金融手段上。例如提升效率,我们看到过用金融手段解决餐厅供应链账期问题的模式,这样可以加快资金流动利用的效率;另外降低扩大规模的门槛。在没有资本进入前,餐饮行业发展速度很慢,从银行借贷很不容易;而通过众筹或者借贷的模式,能够让普通人开餐厅或者规模较小的餐厅在资本的作用下迅速扩大规模。

(2) 资本的直接投资。例如在资本的帮助下,创新的消费品品牌得到了迅速成长的机会。

(3) 资本带动了整个餐饮链条基础设施的完善。这点也非常重要。例如出现了开放式的中央厨房、美食孵化器,标准的第三方配送服务和非常专业的FA机构。

为什么资本认可餐饮行业?最大的原因就是消费升级。"吃"是中国人最基本的需求之一,在整个线下服务行业里属于不可替代的品类。目前的线下,大家可以看到百货零售萎缩得非常厉害,但是餐饮、电影、母婴这些品类却异常火爆。在餐饮这样一个几万亿级的大市场里,无论经济下滑还是上行,中国人在餐饮方面的投入在整体收入中的比重是非常高的,而且还在持续不断地增长。

未来10年,中国快餐行业的体量还会不断地扩大,保持快速的高增长。在大体量增长的同时,之前一些老的、落后的企业,例如高档餐饮、过时的品牌将会被颠覆和淘汰,而新的品牌、迎合年轻人喜好的品牌和模式存在巨大的发展空间和机遇,做得好的话规模不会小于一些优秀的纯互联网企业。

3. 金融优化餐饮供应链,重构客户关系

传统餐饮供应链的物质流动关系是:食材—食材采购商—食材加工商—食材分销商—餐厅—客户,资金流动关系则倒推。

客户端普通消费者的金额都是分散单次购买的,然而餐厅采购食材一般都是一次大额采购,需要很多资金,相反,回款却单次分散、细水长流。因此总是会涉及账单拖欠,多方账单。

表面上看大家生意往来很多,但是最后发现只有一家核心企业盈利。部分供应商甚至因为账单问题而资金流断裂,最终破产。

将金融引入餐饮供应链,打破了原本餐饮供应链的资金需求闭环,新资金的进入和流通既增加了供应链整体运作的效率,又缓和了餐饮供应链各个成员的关系。

4. 餐饮供应链金融发展潜力

将供应链金融引入餐饮行业,可以有力解决餐饮供应链闭环死循环的问题,但是对金融行业而言,餐饮供应链是否有做的价值、利润和发展潜力呢?

利用业内较为常用的五维分析模型进行分析,推测金融结合餐饮供应链的潜力。一般认为:大产业、弱上下游、强控制力、低成本与高杠杆、标准化的行业可以与供应链金融较为完美地融合。

大产业是指产业空间大,不易触碰天花板。中国拥有13亿人的巨大人口基数,人是铁,饭是钢,一顿不吃饿得慌,经济如何下行,餐饮消费都必不可少。

弱上下游是指客户端中，至少有一环较为弱势，无法从银行获得廉价资金。餐饮企业的上下游食材采购加工等具有轻资产的特质，而从业人员参差不齐，按照银行现有的评价体系，很难从银行获得授信。

强控制力是指线上具有真实交易数据和征信、线下拥有物流仓储作后盾，从而控制风险。之前供应链金融未切入餐饮行业主要的原因在于食材的采购和顾客消费端都比较分散、现金交易频繁、财务混乱。但是随着科技金融、数字货币、虚拟货币交易、在线支付的普及，餐饮行业的数据变得可监控、可量化，从而利于金融的切入和风险控制。

低成本是指资金的成本低，让供应链金融有利可图而又不过度增加融资方负担；高杠杆是一定本金投入能撬动较大资产体量。目前餐饮行业的融资成本（民间借贷成本）不低于25%，更多地为30%，甚至更高。这么高的成本是因为餐饮行业从业老板对资金的时间价值没有太多概念，有时候赊账1个月是原价，但是现金结算的话可能9折甚至更低。因为银行融资成本在10%和25%之间也还有很大的利润空间，因此这也是银行在很早之前就开始布局供应链金融的原因。

标准化是指用于融资的抵押品（抵押）相对标准化，公允价值明确，市场价格明晰，容易出手。传统认为餐饮行业的食材抵押物不易储存、不易变现，一堆食物有何用？但是随着人们对于食品要求的提高和冷链技术的发展，优质的食材可以保存很长时间，在市场中极其抢手，很容易快速出清。

综上，经过五维分析法分析，餐饮行业已经基本具备这五大要素，餐饮供应链金融水到渠成。有实力的餐饮企业已经开始以核心企业为核心的供应链金融模式，第三方平台如美团、58同城、京东等都在积极切入。

餐饮行业的供应链业务是新兴的模式，如果能结合整个行业形成全面而独特的风控模式，既可以形成金融行业新的利润增长点，也将大力推动餐饮行业的发展。

第 10 章　供应链金融的未来发展趋势

10.1　供应链金融的五大发展趋势

10.2　区块链与供应链金融

10.3　大数据与供应链金融

10.4　人工智能与供应链金融

近年来各类企业、金融机构、互联网科技公司等纷纷试水供应链金融,从而兴起了发展供应链金融的热点和高潮。如今,社会各界对供应链金融的本质形成了一些基本的共识和认识,即供应链金融从本质上讲是依托供应链运营,开展金融业务,加速整个供应链资金流,同时又通过金融业务的创新和管理,借助于金融科技,更及时有效地推动产业供应链的发展。

10.1 供应链金融的五大发展趋势

中小企业是我国经济的重要组成部分,其创造的最终产品和服务价值占国内生产总值(GDP)的60%,纳税占国家税收总额的50%。与此同时,中小企业在促进就业方面也有着突出贡献,是新增就业的主要吸纳器。然而,融资难问题一直以来是制约我国中小企业发展的桎梏。一方面,中小企业的资金链有进一步恶化的趋势;另一方面,我国目前存在着大量的应收账款。如何采用更为有效的手段解决中小企业融资难问题,成为当今经济发展中的重要课题。正是在这一背景下,供应链金融成为当今推动经济进一步持续发展,有效解决中小企业融资难的重要战略举措。从当今中国供应链金融的走向看,供应链金融在中国的发展将会呈现出五个趋势:

1. 以互联网平台为基础的产业整合在加剧

供应链金融的前提是供应链管理,没有健全、良好的供应链作为支撑,供应链金融就成为无源之水、无本之木,因此,供应链建设和发展的程度是供应链金融健康发展的关键。从我国供应链管理的发展来看,目前经历了从传统的业务型供应链向协调、整合型供应链的发展。供应链金融开展的初期阶段是以银行所推动的应收账款、动产和预付款为基础的M+1+N式的融资业务,其业务开展和风险管理的基础是核心企业发生的上下游业务活动,作为融资方的银行并不参与到供应链运营中。而进入到第二个阶段,供应链金融的推动者不再是传统的商业银行,而是产业中的企业后信息化服务公司,它们直接参与到供应链运营过程中,在把握供应链商流、物流、信息流的基础上,与银行等金融机构合作,为供应链中的企业提供融资等服务。随着第二阶段供应链服务和运营的逐步成熟和发展,供应链金融得以开展的基础会逐渐从"链"式进化到"网"式,即基于互联网的虚拟电子供应链。基于互联网平台的虚拟电子供应链通过运用网络技术,让虚拟产业集群中所有的中小微企业能够低成本甚至无代价地加入网络平台,并且任何一个企业与其他参与者协同预测、同步开发和生产,实现高效配送和精准服务,满足分散状态化的客户需求。因此,虚拟电子供应链实现了所有利益相关方的高度整合,或者说它成为众多子平台、子生态的联结平台。

2. 产业供应链作为一种生态开始与金融生态结合

供应链金融的本质是一种基于供应链优化企业融资结构与现金流的有效方式,从根本上讲,供应链金融不仅仅是融资这种资金借贷性行为,更是通过产业与金融的有效、有序地结合,一方面实现产业现金流的加速,缩短行业的现金流周期;另一方面也能实现金融的增值与稳健发展。产业作为一种生态需要也应该与金融生态相结合,其含义是通过产业供应链推动金融生态的打造和发展,反过来运用金融来进一步推进产业供应链生态的壮大,因此,供应链金融的发展,不仅需要产业端的创新,更需要金融端的创新。具体地讲,金融端的变革应当体现在两个方面:一是金融端的主体以及业务生态建设,也就是说要使供应链金融有效发展,金融机构之间的合作和协同机制的建立至关重要;二是不同规模的金融机构之间的合作。目前我国存在许多不同规模的金融机构,以银行体系为例,有全国性质的商业银行、省级商业银行、外资商业银行、区域性商业银行、农村商业银行以及互联网银行,各自都有着不同的定位、渠道和优势,如果相互之间能够基于各自的优势充分合作,那么就能为产业优化整个供应链网络的现金流,不仅能加速现金流,而且能创造现金流。

3. 金融科技成为推动供应链金融的主导力量

以往互联网的作用只是作为金融活动开展和管理的辅助手段,而今却可能成为推动供应链金融的主导力量。由于供应链的主体具有多样性、活动具有异质性,没有良好的标准化、电子化、可流转、安全签章的电子票据、电子税票和电子仓单,就无法实现业务流程的顺畅管理。同理,没有良好的云平台、云计算,虚拟电子供应链就无法真正实现。而要真正把握供应链运营规律,有效知晓每个参与主体的行为,就需要建立和发展大数据的能力。针对资金和资产对应匹配的唯一性和真实性,就需要运用区块链技术和物联网技术。利用区块链实现分布式记账和资金管理,实现智能合约,同时借助物联网技术做到资金和资产的唯一对应。显然,没有金融科技的支撑,上述这些问题都不可能真正有效解决,供应链金融会遭遇巨大瓶颈。

4. 防范风险成为供应链金融的核心能力

供应链金融长远发展的另一个核心要素是风险的管控。供应链金融作为一种微观金融活动,其运营的规律如同一架天平,天平的两端是资产和资金,天平的梁是产业供应链信息,而支撑整个天平的是天平的底座(即风险管控)和支柱(信用)。金融的本质就是风险评估和信用,这两点如果忽略了,就会产生巨大的金融危机,因此,风险的预警和管理是供应链金融的重中之重。总体上讲,风险的防控需要从供应链结构管理、流程管理和要素管理几个方面入手。结构管理指的是能够有效、合理地设计、建构供应链运营和服务体系,使得各个主体角色清晰,责权利明确,同时又能使供应链运营业务实现闭合化、收入自偿化。流程管理指的是整个业务和金融活动的流向、流量和流速明确,整个业务和金融活动能够实现管理垂直化,同时能够根据流程的状况和要求,协同各类金融机构设计和提供风险缓释手段,实现风控结构化。要素管理则是能对金融产品和业务信息数据做到及时、迅速地获取和分析,真正做到交易信息化,并且在能够全面掌控各主体资信的前提下,通过声誉资产化建立供应链信用体系。

5. 协同专业化将成为智慧供应链金融的主题

供应链金融成功实施需要生态中多种形态组织的充分沟通和协同,这些主体除了包括供应链上下游企业和相关业务参与方外，还包括至关重要的三类组织机构，即：平台服务商，这一主体承担搜集、汇总和整合供应链运营中产生的结构性数据以及其他非结构性数据；风险管理者，这一主体根据平台服务商提供的信息和数据进行分析，定制金融产品，服务于特定的产业主体；流动性提供者，具体提供流动性或资金的主体，也是最终的风险承担者。这三类机构各自发挥着不同的作用，共同推动供应链金融的发展，因此，这就需要这三类机构充分探索与发展各自的能力，将其提供的差别化服务发挥到极致，只有实现高度的专业化，才能产生协同化。

10.2 区块链与供应链金融

近年来，互联网保险、消费金融、供应链金融等新金融逐渐崛起，催生了诸多的新金融应用场景。其中供应链金融是互联网金融中的特殊分支。大部分互联网金融都是针对C端用户，而供应链金融主要面对的是B端用户，并试图解决一个中国顽疾——中小企业融资难的问题。区块链技术，以其较好的弹性、较高的经济效用和容错机制逐渐开始被应用到供应链金融的生产环境中，同时也给供应链金融的数据沟通、协作方式、信任中介等方面带来了一些新的影响。

区块链去中心化、数据存储具有强安全性等特点可以提供一种更好的方式来完成相关业务协作。它可以将原有各个环节的资金流、信息流等，以数据化的方式逐笔记录在区块链上，并且数据化后的信息不能进行更改，在安全存储数据的同时有效打通供应链各方之间的信息流转，以一种新的协作方式组织各方的协作，降低沟通成本，增加信息对称性，如图10-1所示。

供应链金融是用核心企业的信用给中小企业增信，盘活中小企业的资产，加速经济活动的流转。用一句话概括，即供应链金融就是强信用的一方，通过整合供应链的上下游，在上下游之间进行信用的流转和资产的转移。这个过程，往往要突出供应链条中"核心企业"的参与和作用，因为核心企业具有更强的信用、更强的资源整合能力。这时在供应链金融中的信任中介便是这个核心企业，供应链的上下游将通过信任它，参与到这场协作中来。

而在区块链中，区块链本身便是去中心化的，自带信任中介属性，供应链金融中的各方完全可以通过信任它，参与到协作中来。因为区块链技术是一种在对等网络环境下，通过透明和可信规则，构建不可伪造、不可篡改和可追溯的数据结构，从而实现和管理可信数据的产生、存取和使用的技术。与基于单一信用背书实体的传统信任机制不同，区块链的信任机制是多个参与方对透明和可信规则的共同信任、是对客观信息技术的信任。因此，在供应链金融中使用区块链技术，将使以往以核心企业作为信用中介的

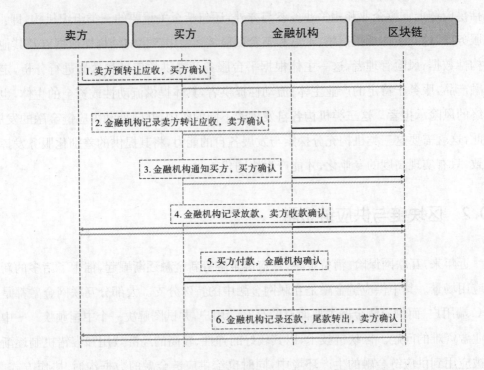

图 10-1

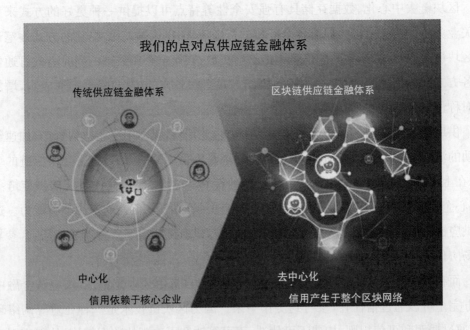

图 10-2

模式发生改变,将以往核心企业模式下安全性、透明性和可操作性的风险变得更加透明可信任(图 10-2)。

从区块链被提出至今，该技术从极客圈子中的小众话题，迅速扩散成为学界和社会大众广泛关注的创新科技，并成为 Fintech 领域最耀眼的明星。Venture Scanner 最新发布的数据显示，区块链领域吸引的风险投资已经从 2012 年的 200 万美元飙升至 2016 年的 6 亿美元，增长了近 300 倍。区块链技术之所以会在短时间内受到如此大的重视，主要是因为它被很多人看作是可以改变现有交易模式、从底层基础设施重构社会的突破性变革技术。

马尔科·扬西蒂和卡里姆·拉哈尼在《哈佛商业评论》中发表了题为 The Truth About Blockchain 的文章，对区块链的运作原理进行了系统性的总结。他们指出区块链本身是一种开源分布式账本，能够高效记录买卖双方的交易，并保证这些记录是可查证且永久保存的。该账本也可以通过设置自动发起交易。其运作原理可以具体概括为：分布式数据库、对等传输、透明的匿名性、记录的不可逆性、计算逻辑。

区块链的这些特征使之在供应链金融领域具有独一无二的优势，显示出了解决现有供应链金融所有问题的潜力。第一，建立 P2P 的强信任关系。作为一种分布式账本技术，区块链采用分布式部署存储，数据不是由单一中心化机构统一维护，也不可能按照自己的利益来操控数据，因此具备较强的信任关系。第二，建立透明供应链。区块链保存完整数据，使得不同参与者使用一致的数据来源，而不是分散的数据，保证了供应链信息的可追溯性，实现供应链透明化。第三，金融级别加密安全性。由于对交易进行了加密，并具有不可改变的性质，所以分类账几乎不可能受到损害。第四，个性化服务。区块链本身的可编程性可以从本质上满足各类消费者的个性化需求。第五，可审计性。记录每次数据更改的身份信息，可以进行可靠的审计跟踪。

区块链是一项基础性技术——它有潜力为供应链金融行业的经济和交易制度创造新的技术基础。可以肯定的是，区块链技术将深刻改变供应链金融行业的商业运作，这种改变远远大于供应链行业的改变。区块链应用不仅是对传统业务模式的挑战，更是创建新业务和简化内部流程的重要机会。接下来我们看看区块链用于供应链金融的机会和场景。

区块链的特性和优势可以帮助我们创新性地解决问题，并促进供应链金融价值链的重塑，这些创新应用千变万化，或许在现在看来，有很多应用我们都难以想象和预测。我们尝试从下面四个角度，来描述区块链与供应链金融碰撞出的机会。

1. 机会一：区块链如何提高整个行业的透明度

类似于 RFID 的技术很早便被应用以提升供应链的透明度，区块链则能够确保物品从物理世界向虚拟世界映射的透明度和安全性。区块链将分类账上的货物转移登记为交易，以确定与生产链管理相关的各参与方以及产品产地、日期、价格、质量和其他相关信息。由于分类账呈现分散式结构特点，任何一方都不可能拥有分类账的所有权，也不可能为谋取私利而操控数据。此外,由于交易进行过加密,并具有不可改变的性质,所以分类账几乎不可能受到损害。

这对于供应链金融具有重要的意义。整个供应链金融企业将据此重新评估风险控制模型。可以明确的是,由于整体透明度的提高,行业风险将被极大地降低,参与各方均将从中受益。区块链为供应链提供了交易状态实时、可靠的视图,有效提升了交易透明度,这将大大方便中介机构基于常用的发票、库存资产等金融工具进行放款。其中抵押资产的价值将根据现实时间实时更新,最终这将有助于建立一个更可靠和稳定的供应链金融生态系统。

目前,已经有尝试利用区块链技术来改善供应链管理的先例。例如,IBM推出了一项服务,允许客户在安全云环境中测试区块链,并通过复杂的供应链追踪高价值商品。区块链初创企业Everledger正在使用该项服务,希望能够利用区块链技术来推动钻石供应链提高透明度;伦敦的区块链初创企业Provenance致力于为用户提供一个网络平台,使品牌商能够追踪产品材料、原料以及产品的起源和历史;BlockVerify同样是一家位于伦敦的初创企业,该公司主要利用区块链技术提升行业透明度,从而打击产品假冒行为;Skuchain公司正在为B2B交易和供应链金融市场开发基于供应链的产品;Fluent正朝着"在主要金融模块领域,为供应链管理使用区块链盈利"方向努力。

2. 机会二:区块链如何降低整体供应链金融交易成本

另一个充满潜在区块链应用的领域在于降低交易成本。区块链技术可以弥补不同交易主体之间的信任鸿沟。当甲、乙两家公司在国际上发送高价值和大批量的货物,如铁矿石,甲为发货方,乙为收货方,双方约定到货30日后付款,甲方找到中介机构金融A和B,A为其提供供应链金融服务,B为其增信。

在这个案例中,甲、乙两家公司以及中介金融机构A、B同时面临着不可预知的运输风险。现在我们是通过签署复杂的纸质文档来试图规避上述风险:当事方必须管理托运人中介金融机构和接收方中介金融机构之间的协议,同时被管理的还有记录货物价值和装运方式的大量协议。大多数时候,我们需要原始合同文档验证信息真伪。

使用区块链应用程序,公司可以将所有文档都放到区块链上,基于区块链的运行机制,这些数据不可能被更改。一旦出现问题,当事方可以通过区块链技术快速定位在特定日期处于特定版本的合同文档,这对于处理纠纷非常关键。区块链上的所有文档对所有人提供完全平等的访问权,参与方可以快速访问目标材料,并且这种访问基于高度的信任关系和对于所有交易记录的可追溯性和可验证性。事实上,区块链包含对供应链金融至关重要的所有必要组件:时间戳、不可逆性和可追溯性。

一旦完成合同文件的发送和接收,当事方公司可以通过区块链上的智能合同进行支付。交易双方可以事先约定合同的处罚条款,例如"当满足条件X时,乙方将支付N

给 A"。通过这种方式,在给予借/贷双方更加个性化服务的同时,区块链也实现了文件的交换和价值的交换。

3. 机会三:区块链如何催生新的商业模式

区块链技术不仅仅是一项技术变革,它最终会影响到供应链金融交易过程中的合同、交易及其记录,进而改变现在的商业模式。我们相信,随着信任壁垒的去除、交易透明化,区块链会催生出真正意义上的供应链金融平台。

新型供应链金融平台,主要的参与者包括平台本身、保理机构、中介金融机构、企业、个人甚至是算法公司。供应链金融平台负责提供供应链信息、客户信息这些类似水电的基础服务;第三方中介机构可以基于平台信息进行整合,提供更加定制化的供应链金融服务,这种服务将更加精细化、个性化。

比如传统意义上我们可以将应收账款抵押,在未来的供应链金融平台,我们可以将应收账款细分,根据不同的节点状态建立金融模型,进而产生不同的金融产品。同时未来随着可追溯能力的增强,所有的金融模型将根据供应链的实时状态进行数据更新,对标的资产或者是借款人持续评估。算法公司可以基于平台提供的 API 接口,开发金融模型,并出售给第三方金融机构和保理公司。

最终,区块链将增强市场中抵押资产的流动性,改善当前最常用的供应链金融工具,如保理、采购融资、供应商管理库存融资等,并为深层融资提供机会,催生新的商业模式——供应链金融即服务。

4. 机会四:区块链如何简化交易过程,提升客户体验

设想这样一个场景:李琳在北京经营一家黄金首饰店铺,在黄金珠宝市场的销售旺季到来之前,作为下游的终端店铺想提前囤点货,她手上资金紧张,但是作为终端店铺的老板,她知道这个旺季把货销出去后一定可以大赚一笔,她找到供应链金融平台,平台虚拟助手通过触摸屏为她提供了多种金融方案(比如通过品牌商的担保或反担保的增信措施到平台来获取融资借贷),所有的方案都是为李琳量身定做的,因为第三方金融机构已经通过平台提供的 API 接口了解了足够详细的李琳的个人和商业信息,例如征信记录、违章记录、处罚信息等。所有上述信息都是通过区块链存储的,这也确保了李琳的个人信息不会泄露。同时李琳还可以得到外部机构对她的信用评级信息,基于李琳在区块链实时的数据映射。

李琳通过触摸屏选择最佳选项。触摸屏读取她的指纹,并且系统通过区块链验证她的身份。通过后,金融机构的银行账户向李琳的银行账户划款,接下来,系统设置每月从李琳的银行账户向放款的金融机构直接划款,这些行为通过智能合同触发。

几个月后的一天,李琳购买的黄金首饰在运输途中丢失,安装在运输外箱上的智能

传感器通过区块链触发了丢失通知,保理公司和中介金融机构第一时间收到了丢失信息,并通知李琳去保理机构。在去保理机构的路上,她非常担心,不知道该如何处理索赔和退款,以及这些会如何影响到她的还款合同。当她到达保理机构后,李琳惊奇地发现索赔已经通过区块链提交,并且保理公司已经批准了索赔。这个例子向我们很好地说明了区块链技术如何提升用户的体验,而只要我们稍加留意,就会发现很多类似的应用场景。

最后,技术和场景是互联网和IT行业发展的重要推动力,我们相信,未来随着区块链在供应链金融应用场景的不断丰富和实践,其终将颠覆整个供应链金融行业。

10.3 大数据与供应链金融

大数据是当下最热的词汇。在互联网条件下,信息量爆炸式增长,如果我们不能获取、整理和应用这些信息和数据,就有可能在很短的时间内落后,甚至被抛弃。在供应链金融服务领域,更是如此。

大数据(big data)又称巨量资料,指的是所涉及的数据资料量规模巨大到无法通过人脑甚至主流软件工具,在合理时间内达到撷取、管理、处理并整理成为帮助企业经营决策更积极目的的资讯(图10-3)。

图10-3

在此之前,不论在哪个行业,面对庞大的数据,我们可能会一叶障目,因此不能了解到事物的真正本质,从而在科学工作中得到错误的推断,而大数据时代的来临,一切真相将会展现在我们面前。同样地,在供应链金融服务领域,大数据越发显得重要。

供应链金融是运用供应链管理的理念和方法,为相互关联的企业提供金融服务的活动。主要业务模式是以核心企业的上下游企业为服务对象,以真实的交易为前提,在采购、生产、销售各环节提供金融服务。由于每家企业都有自己的供应链条,所以展现出一个庞大的供应链网络。

1. 大数据在供应链金融的应用

（1）可用于判断需求方向和需求量。大数据可帮助我们判断一系列变动的规律，同时，我们还可以把一定时期内的流通和消费看作是一个常量，而在地区、方向、渠道、市场的分配作为变量。

（2）可用于目标客户资信评估。利用大数据，可以对客户财务数据、生产数据、电水消耗、工资水平、订单数量、现金流量、资产负债、投资偏好、成败比例、技术水平、研发投入、产品周期、安全库存、销售分配等进行全方位分析，信息透明化，能客观反映企业状况，从而提高资信评估和放贷速度。只看财报和交易数据是有风险的，因为可能造假。

（3）可用于风险分析、警示和控制：大数据的优势是行情分析和价格波动分析，尽早提出预警。行业风险是最大的风险，行业衰落，行业内大多企业都不景气。多控制一个环节、早预见一天，都能有效减少风险。

（4）可用于精准金融和物流服务：贷款时间、期间、规模、用途、流向、仓储、运输、代采、集采、货代、保兑、中介、担保一体化运营。

2. 大数据应用需要满足的条件

（1）基础数据的真实性。要使用大数据，就必须保证数据的真实性，尤其是基础数据的真实性。当前，GDP、吞吐量、货运量、仓储设施、投资额、主营收入等数据都有水分。地方GDP加总超过国家GDP，集装箱重复装卸计算吞吐量，关联企业互开发票增加销售额等，致使数据失真。因此，改革考核体制、改革统计体制已是当务之急。

（2）数据要能聚焦成指标。数据本身是枯燥的、杂乱的，但形成指标后便具有生命。科学地设定指标，确定指标间的钩稽关系，才能准确地判断事物发展的规律和路径。先行指标有重要指导作用。数据的负面影响是信息污染，影响判断。

（3）不同数据体系要互联互通。在市场化条件下，数据是资源和产品。利益分割使信息孤岛现象更为严重，甚至于公共信息都被当作部门利益而垄断起来。部门数据、行业数据、企业数据、国际数据相互割裂，大数据不能发挥应有的作用。

（4）积累准确的参数。在实际工作中，基础参数极为重要，尤其是临界参数。参数是基准，木直中绳，参数就是木工打出的那根基线。在我国，货币发行量、货币流通量、每百平方公里道路里程、仓储业投资规模、物流园区投资规模、港口数量和吞吐规模、物流强度、投资强度、投入产出比等，均缺少基准，才出现了货币超发行、通货膨胀、港口过剩、产能过剩等问题。

（5）先进的数据应用理念。如果数据是客观的，使用数据的人还要有先进的应用理念。这与经验、学识、能力有关。决策，尤其是与企业命运有关的决策，不能掺杂私念和人情因素。如果我们认真追究产能过剩形成的原因、追究投资失误的原因,都与理念有关。

3. 大数据下供应链金融发展的趋势

一是向信用担保方向发展。电商企业根据自己掌握的数据,对客户的业务、信用进行分析,在安全范围内提供小量、短期融资,把沉淀在网上的无成本资金盘活。电商规模越大,沉淀资金越多。如果加上吸收存款功能,就变为金融机构;在大数据的引导下,银行业也会释放出这种灵活性,这样,信用担保就不仅仅限于大企业,而是可用于中小企业,业务范围将大大扩展。

二是向着实物担保方向发展。任何时候,实物担保都不可或缺,它是电商融资和银行融资的安全底线。要保证实物的真实性和安全性,需要物流企业与之配合。

三是商贸、金融和物流三方合作建设供应链金融平台。平台是大数据的汇集者。交易平台与物流平台集成,与支付系统集成,与交易融资系统集成,达到信息流、资金流、物流、商流的无缝隙连接;确保交易资源真实可靠、贸易行为真实可靠、担保物变现渠道畅通、担保物价格波动监控实时等。

综上所述,大数据正在影响和改变我们的时代,供应链金融将是其最大的受益者,它把交易变得更安全、快速、可靠,把供应链连成网络,把经济引入"计划",金融"润滑"更加有效。

10.4 人工智能与供应链金融

近年来,人工智能作为新一轮产业变革的核心驱动力,正在逐渐释放巨大能量,并创造新的强大引擎,重构生产和交易各环节,引发财务与金融重大变革。随着机器学习、数据挖掘和认知计算等学科的高速发展,人工智能正在改变金融服务方式和财务管理规则。"人工智能+财资"利用关键技术和核心能力,以及场景应用,引领新一波的数字颠覆浪潮,进一步推进企业持续数字化转型。

未来 10 年,人工智能将成为最具破坏性级别的技术,主要是因为其卓越的计算能力、漫无边际的数据集、深度神经网络领域的超乎寻常的进步。机器学习、深度学习正处于期望膨胀的高峰期,未来 2~5 年将成为主流应用技术。机器学习将广泛应用于自动化领域、药物研究、客户关系管理、供应链优化、预见性维护、操作效能、反欺诈、自动驾驶、资源优化等领域展现的商业和社会场景。通过运用 AI 技术,人类可以充分利用数据对 AI 进行训练,解决若干人类效率低或难以解决的问题。

回顾人工智能的发展历史,第一次低谷遇到的瓶颈是对于认知算法的基础性障碍,而第二次低谷遇到的瓶颈是计算成本和数据成本问题。这一波人工智能的兴起源于计算能力、数据资源和核心算法等先决条件的成熟与催化。互联网的普及和物联网渗透率的提高，积累了大量数据资源，根据 IDC 的数字宇宙报告，全球所有信息数据中 90% 产生于近几年，数据总量正在以指数形式增长。这为训练算法，实现人工智能提供了燃料。云计算和 GPU/FPGA 并行计算等底层产品的出现和应用，加速了深度学习过程，使得集中化的数据计算处理能力变得前所未有的强大。深度学习技术使得感知人工智能达到商用化水平，其带来算法上的突破，使得复杂任务分类准确率大幅提升，从而推动了计算机视觉、机器学习、自然语言处理、机器人技术、语音识别技术的快速发展。

中国人工智能发展迅猛，已经从理论实验阶段向产业化落地加速迈进，最为明显的是在产业供应链体系中，"AI+金融"真正实现了金融服务智能化的转型。产业链在长久运营发展过程中，包括各类采购、生产加工制造、销售等环节，沉淀了大量的数据载体，但由于传统金融服务方式的弊端，产业链上的中小企业很难获得有效的金融支持；而通过智能化数据分析，让企业授信方式得到了创新，将主体信用转化为资产信用，同时也降低了金融服务的风险，解决了产业链中小企业融资难问题。

产业链中由于商流、物流、资金流、信息流源源不断，本身就如一个大数据中心的存在，这与人工智能的商业落地不谋而合，也是人工智能商业落地的最佳选择。"AI+金融"依附于大数据，而产业链上的核心企业不仅在资金、资源上掌握着优势，同时在贸易数据源上，也拥有绝对的掌控权，这为核心企业开展供应链金融提供了先天优势，同时，也是核心企业扩展利润增长点的一次绝佳机遇。

当下，随着社会化生产方式的转型升级，金融创新的深入推进，越来越多的产业核心企业意识到金融创新对于产业链发展的重要性，并纷纷宣布开展供应链金融业务，包括海尔、格力、京东、TCL、美的、联想、富士康、山钢集团等行业大佬都已将供应链金融提升至集团战略级业务。而受益于供应链金融业务利润的暴涨，中国供应链金融发展迎来了新高潮。据 A 股上市公司披露的数据显示，2019 年至少有 30 家企业将全力抢滩供应链金融新蓝海市场。可以看出，AI 技术的赋能、全球化企业竞争方式的转变，再加上产业内部转型升级的迫切，供应链金融无论是在时代发展大势上，还是在社会经济发展驱动上，都将是一项长盛不衰的"黄金"产业，毫无疑问，一场掘金供应链金融盛宴即将到来。得趋势者得天下，未来，中国供应链金融市场规模至少超过 30 万亿元，并将成为"AI+金融"成功落地应用的典型代表，从目前来看，得供应链金融者才能得天下。

参考文献

[1] 宋华. 供应链金融[M]. 2版. 北京:中国人民大学出版社,2016.
[2] 宋华. 互联网供应链金融[M]. 北京:中国人民大学出版社,2017.
[3] 王国刚,曾刚. 中外供应链金融比较研究[M]. 北京:人民出版社,2015.
[4] 深圳发展银行中欧国际工商学院"供应链金融"课题组. 供应链金融:新经济下的新金融[M]. 上海:上海远东出版社,2009.
[5] 陈晓华,吴家富. 供应链金融[M]. 北京:人民邮电出版社,2018.
[6] 杨涛,程炼. 互联网金融理论与实践[M]. 北京:经济管理出版社,2015.
[7] 陈锡文. 乡村振兴战略的来龙去脉[J]. 农村·农业·农民(B版),2019,500(01):20-24.
[8] 邵明. 乡村振兴与农村电商发展[M]. 北京:化学工业出版社,2018.
[9] 刘官华,梁璐. 新零售:从模式到实践[M]. 北京:电子工业出版社,2019.
[10] 天下网商. 新零售全解读[M]. 北京:电子工业出版社,2018.
[11] 刘宝红. 采购与供应链管理:一个实践者的角度[M]. 2版. 北京:机械工业出版社,2015.
[12] 深圳前海瀚德互联网金融研究院. 区块链金融北京[M]. 北京:中信出版社,2016.